换个思路玩地产

梁书晓 ◎ 著

中华工商联合出版社

图书在版编目（CIP）数据

换个思路玩地产 / 梁书晓著 . –– 北京：中华工商
联合出版社 , 2015.6
ISBN 978-7-5158-1313-4
Ⅰ.①换… Ⅱ.①梁… Ⅲ.①房地产业—基本知识
Ⅳ.① F293.3
中国版本图书馆 CIP 数据核字 (2015) 第 100991 号
图书在版编目（ＣＩＰ）数据

换个思路玩地产

作　　者：梁书晓
策　　划：李 鲆 万春生
责任编辑：熊 娟
封面设计：周 源
责任审读：李 征
责任印制：迈致红
出版发行：中华工商联合出版社有限责任公司
印　　刷：三河市宏盛印务有限公司
版　　次：2015 年 6 月第 1 版
印　　次：2015 年 6 月第 1 次印刷
开　　本：710mm×1020mm 1/16
字　　数：172 千字
印　　张：13
书　　号：ISBN 978-7-5158-1313-4
定　　价：39.00 元

服务热线：010-58301130
销售热线：010-58302813
地址邮编：北京市西城区西环广场 A 座
　　　　　19 － 20 层，100044
http://www.chgslcbs.cn
E-mail：cicap1202@sina.com（营销中心）

E-mail：gslzbs@sina.com（总编室）

序：顺势而为

2014 年的地产圈，充斥着"跨界"带来的迷幻色彩。中国平安、小米、百度等，纷纷试水房地产行业，掀起了一股"跨界"的楼市热潮。毫不搭边的企业，都有可能在地产界狭路相逢，上演一场轰轰烈烈的抢地大战！但是在其他行业纷纷投入地产时，做地产起家的诸多企业却抛弃了地产，如亿城股份、上海证大等。

这一进一出中，好似一部《围城》大戏。这看似矛盾的背后，有着企业个体发展战略布局改变的因素，有着行业变革时期的主动转型，更有着跟不上时代变化的无奈退出。

但是地产行业仍是一个值得进入的行业，物流行业、工业地产、商业地产、养老地产等物业类型仍有巨大的发展潜力。它从地产黄金十年进入了白银十年，地产开发商也早也不再是拿地—盖房—卖房的简单模式，只不过在互联网思维下，在金融创新下，地产行业的转型与变革变得更加迫切。

如果说 2014 年，房企接触互联网动作不断，那么从 2015 年伊始，几家大房企纷纷发布了商业地产轻资产动作，似乎不谈轻资产，就无法代表行业方向。

然而"轻资产，重管理"这种发展模式早在 2006 年王谦就已经开始倡导了。王谦，1967 年生人，美国麻省理工学院房地产开发硕士及建筑与城市规划硕士。1989 年出国进行深造，在此之前，就读于清华大学。在经历了所有年轻人都会遇到的迷茫、困惑与奋斗后王谦终于找到了一个能完美展现自己的舞台——回到中国地产业。

2006 年 4 月，王谦与上海中凯企业集团公司合资创立中凯房地产开发管理有限公司，提供全程房地产开发管理服务，并担任执行董事兼总裁，负责公司的战略发展及总体经营管理。参与管理安徽巢湖中凯景湖豪庭项目、江西南昌中凯蓝域项目、江苏高邮中凯景湖豪庭项目、杭州东方商城项目、中凯佘山别墅项目、中凯郑州国际社区项目等。王谦于 2006 年底成功引入美国华平投资集团作为中凯开发的重要战略投资人。这就是国内最早的轻资产实践。

更多的时候王谦的工作主要就是在协助国内外房地产开发商、投资商之间的国际化交流，促进房地产业健康、稳定、均衡的发展。他就像是一座桥梁，架起了中美地产交流的平台，去粗取精，将发达国家科学的经营理念带到中国。

从中国到美国留学，再从美国回到中国发展事业，从"美国梦"到"中国梦"你一定能看到社会的进步，看到中国的发展。王谦的奋斗之路可算是应了一句话：顺势而为。在对的时机做对的事，成就自己！

如果你是正处于迷茫期的年轻人，你需要读这本书，这里有奋斗，有梦想，有坚守，有如何坚持到成功的方法；如果你是从事地产的朋友，你需要读这本书，这里有最先进的行业方向与成功模式；如果你想要提高自己，更好地管理团队，那你更需要读这本书，在书里王谦手把手教你如何做一个好的管理者，带好团队。为了避免王婆卖瓜之嫌，就此收笔，更多精彩请于书里发现吧。感谢作者的支持与信任。

是为序。

熊 娟

换个思路玩地产：

目 录

换个思路玩地产：

第二章　要接地气

换个思路玩地产:

第三章　我的中国房地产十年

换个思路玩地产：

第四章　要脚踏实地

前　言

王谦，何许人也？

说他名不见经传，肯定与事实不符，他头上的光环对于普通人来说已经足够耀眼：论学历实力，他是清华 20 世纪 80 年代建筑系的天之骄子，更拥有两个麻省硕士学位；论头衔地位，他名下拥有实力雄厚的地产投资及管理公司，人前人后都被尊称王董，出入京城、上海最高级的场所，和潘石屹等大佬级人物同台论道，指点中国地产前生后世；甚至论相貌，他也高大英武，堪称美男子。

但和他交谈的时候，王谦却非常坚决地强调："我只是一个创业者。我所做的一切，都是为了我所热爱的事业。"

这种理想主义的论调，在成熟的商业社会已经相当鲜见，尤其是在地产这样的"硬"商业中。

有些行业，比如互联网的创业带着天然的造梦性质，多少草根英雄一夜暴富的案例激励着后来的人。拥有一个好的商业创意，再得到投资者的青睐，似乎谁都有成为下一个扎克伯格的希望。

但地产业不是，地产业在从前、现在、可见的将来，在中国内地及香港地区、美国、欧洲，从来都是大投入、高风险、高收益的产业，是真正的商业巨头博弈之所。尤其是在中国，提起"开发商"这三个字，几乎是天然地就跟着一系列很现实主义的衍生词：背景、关系、人脉、祖荫、投机，诸如此类。地产行业中，现实主义行之有效，与浪漫的理想主义似乎相去甚远。

但王谦对自身定位的这种理想主义论调却并非矫情，因为在某种程度上，他恰恰打破了地产业的某些固有的定论。

第一章

求学之路

　　读书不应该成为一种包袱。真正的快乐，其实跟你读了多少书也没关系，或者说，你读多少书，也不用去循规蹈矩地按照别人的想法去做事情。

我从清华辍学

从清华退学，破釜沉舟

王谦于 1986 年进入清华读建筑系。在本科大学生如凤毛麟角，出国留学尚属天方夜谭的 20 世纪 80 年代，清华北大是莘莘学子心中的圣地，能进这两所高等学府的都可谓精英，都被视为"天之骄子"。

但他的骄傲感和满足感并没有延续太久。王谦从小就有一颗不安分的心。清华给了他在专业上登堂入室的机会，同时更重要的是，给了他一个放眼世界的机会，使原本就不安分的他，开始对大洋彼岸的世界心向往之。

20 世纪 80 年代，国门刚刚打开，一方面国家积极主动地扩大对外交往，另一方面放宽政策，放开或者取消各种限制。让半封闭状态中苏醒的人们，在物质上从摆脱贫瘠到走向富裕，精神上从冲破禁锢到向往自由。尽管那时候互联网还远远没有普及，电视仍属于少数人的奢侈享受，但各种新鲜事物和新鲜思潮层出不穷，任何有形无形的限制都挡不住人们求知若渴的心。

清华的建筑系毫无疑问是国内一流的，尽管只限于专业方面，但它保有的资料、引进的资讯是最新最全的。踏入这座学府的第一年，王谦经常到图书馆，沉浸在各种杂志、案例以及专业建筑资料里。

他经常接触到来自图书或者杂志的国外建筑案例，并为那些与国内迥异的设计所深深吸引。知其然，更想知其所以然，他很想弄明白，国外设计师为什么能设计出那些令人叹为观止的建筑。

当时他对国内的建筑学专业教育还不具备进行颠覆性反思的自觉性，但也能够隐隐地意识到：国内建筑学专业教育与国外有差距，而且国外的发展日新月异，一日千里，远远不是几本杂志、几本教科书可以覆盖的。

王谦感觉到，自己面前像是有一扇通往新世界的大门。

一个念头像星星之火，在他心里燃起：他要去打开这扇门，走出去，看一看！

而且，这个念头在王谦年轻的心里反复闪现，由一个小火苗，逐渐在他心里燃成大火。

在清华待到第二年，王谦开始严肃地考虑出国留学的事。

王谦出国留学的念头不是凭空得来。改革开放的最初几年，出国留学虽未蔚然成风，但无论是在民间还是在官方，都已经暗流涌动。

从民间来看，改革开放后，国门逐渐打开，外国人走进来，中国人逐渐有了走出去的念头。20世纪80年代初，第一批来到中国的外国游客常常成为中国民众围观的对象，上海外滩甚至出现过万人围观"老外"的盛况。与此同时，一些最早被打开眼界的国人，则开始寻求出国之路。

从官方来看，改革开放前后，出国留学的政策逐渐放开。1972年中美打破了互相隔绝的局面关系，1979年建立正式外交关系，出国潮的大门开启了。1978年，教育部就向中央提交过《关于加大选派留学生的数量的报告》，鼓励公派出国留学。邓小平就曾经明确表示："我们对外派遣留学生不只是一个、二个，而是要成千上万地派！"1979年，邓小平访美，将1978年《中美关于公费派遣留学生的口头谅解》作为正式协议加以签署。[1]而自费出国留学，则在1985年放开。这一年，国家提出了"支持留学，鼓励回国，来去自由"的留学方针。

于是，除了公费留学外，许多人在海外亲友的担保下，自费出国留学。20世纪80年代中期，许多人选择考托福出国，美国成为首选国家。一方面，美国的高等教育质量在全世界首屈一指；另一方面，"美国梦"在召唤。先出国者在国外成功的消息传来，刺激了国内跃跃欲试又犹豫不决的准备出国者。"走出去"取代了以往"到祖国最需要的地方去"，成了20世纪80年代许多知识青年的行动指南。后来有一部反映北京人在纽约挣扎与奋斗的电视剧《北京人在纽约》就曾轰动一时。在"出国热"的带动下，国内出现了"外语热"，美国和欧洲各国大使馆前蜿蜒数百米的签证长队也成为当时的一道风景线。

1　《现象1980——出国潮》，《见证影像志》，中央电视台1套，http://v.ku6.com/show/Ba45SHrmAZcikBhV.html

1978 年至 1985 年间，我国共派出公费留学生 2 万人，其中理工科占 85%。[1] 据粗略估计，在 1978 ~ 1992 年短短的 14 年中，中国的出国留学人员就达 16 万人之多。[2] 当时有不少因公出国留学，但其数量，和出国潮中的因私出国相比少之又少。不少人被公派出国后便滞留海外不再回来，以至于公派出国被严格控制。这么一来，国人的留学梦，大多只剩下了自费这一条路。

我们今天对 80 年代作一番事后回顾，会发现那是一股经历了数次潮起潮落的"出国热"，但对当时的当事人而言，依然是破天荒性质的。在那个年代，出国留学对普通人而言还是个稀罕事。

当时，王谦周围的同学压根没什么人想出国这件事。大家大多在尽情地享受大学生活，呼吸着高考之后校园里自由热情的空气。在学业之外，不少人想的是谈恋爱，有商业头脑的学生，则设法通过业余时间赚点钱。

王谦之所以会有这样大胆的想法，最终又能得偿所愿，一方面与他的亲戚在海外有关；另一方面与王谦所接受的家庭教育有关。

王家在海外有亲戚，而且王谦的父亲因为工作关系，当时接触到不少境外的朋友。这些关系会在无形中给王谦一种潜在的辐射和影响，令他在某个时刻自然而然产生出国的念头。

王谦的家庭教育秉持的是尊重孩子的自由教育观。王谦记得他上小学的时候想学英语，想学画画，长大一点又迷上了无线电、集邮，练中长跑，父母从来没有问过他为什么要学，只是默默帮他找好提供这些培训的课外学校，鼓励他、支持他安排好时间学下去。早在 30 多年前，王家父母就采取了这种有远见的素质教育方法。

这种观念，现在想起来算是非常超前的——父母相信他能把时间管理好，而他也确实能把时间管理好，达成自己追求的目标。双方的良好互动最后形成一种高度的信任感，任何事情都可以摆在台面上商议和讨论。

1　《现象 1980——出国潮》，《见证影像志》：中央电视台 1 套，http://v.ku6.com/show/Ba45SHrmAZcikBhV.html

2　姚勤：《八十年代以来出国留学的潮落潮起》，《探索与争鸣》，1999 年第 11 期。

这种宽松良好的家庭教育环境，给了王谦天马行空的选择自由。

当然，想出国这件事，与学外语、学画画相比，难度不止是大了一点点。但王谦表明了自己的想法之后，父母还是一如既往地支持他。尽管这次的支持需要更多的资源，需要更强的精神准备去面对考验。

他们面对的第一关考验，来自清华。

他们了解到当时清华的规定是：学生可以出国，但必须先退学。如果一年之内出不去，可以复学，但是必须留一级，这就是代价；一年以后如果既没有出国也没有复学，就算彻底退学了，再也没有回来的机会了。

先办理退学，就等于断了后路。很多人问清楚这一点，就打了退堂鼓。

对王谦而言，这也是一件必须慎重考虑、权衡利弊的事情。

清华的学位并非可以轻易舍弃的，而出国虽然具有强烈的诱惑力，但却前途未卜。

趋利避害是人的本性，好逸恶劳是庸人的常态。出于对现状的知足常乐，出于对未知世界的非安全感，普通人一旦对于不确定性的恐惧大过了对探索未知世界的兴趣、欲望和决心，很容易就选择安于现状。冒险总是需要拿出极大的勇气的。

然而21岁的王谦，已经体现出了后来他在各种学业和事业抉择关头表现出来的披荆斩棘、一往无前的意志力和敢想敢干、敢作敢当的决心。他没有过多考虑万一没机会回清华怎么办，万一拿不到签证怎么办，万一留一级人家怎么看，自己就把自己的后路给切断了。

他决定从清华退学，破釜沉舟，不留后路。

他抱着置之死地而后生的决心，要把出国这事办成。

多年之后，2011年，清华百年校庆，王谦回到学校。有同学在叙旧的时候说，你那时候整天戴耳机，也不知道你干什么呢。

其实那时候他就是在准备考托福。当时美国大学本科一般只要托福500分就可以录取，研究生一般550分就可以录取。王谦当时是出去读本科，托福考了550分。

三次被拒签，山穷水尽

出国没那么容易。那时候还没有像现在这么种类繁多的教育培训机构；而如今随处可见的自费留学中介，直到 2000 年才正式在教育部备案，在 20 世纪 80 年代尚未出现。

到底怎样才能出国，这个问题当时是没有现成答案的。

那时候跟国外沟通，大多数情况下是靠传统的方式——信件。打电话是偶尔才会发生的事，更别提互联网和 E-mail 了。所以，当时的沟通比现在要麻烦、艰难得多。

但一个决定背水一战的人，能爆发出强大的能量。这些难题都被王谦陆续攻克了。联系学校，办护照，考托福，一系列程序走完，王谦大概用了不到一年的时间。

1988 年年底，王谦拿到了护照，跟学校也都申请好了，1989 年年初在清华办理了退学手续。

退学之后，就不必左顾右盼，可以心无旁骛了。王谦面临的唯一问题就是拿到美国方面放行的签证。

可是，这临门一脚无论如何就是踢不过去：王谦连续三次被拒签。被拒签的理由很多。王谦被拒签的理由，申请过美国签证的人想必都不陌生——有移民倾向。第三次拒签尤其惨痛。他当时已经被西南路易斯安那大学录取，可以拿访问学者签证出国，一般来说，正常出国留学的人都拿 F1，而访问学者签证则相当于转学到美国读本科。有接收方大学的背书，理论上成功的概率是很高的，但结果，他还是被拒签了。

王谦当时觉得很冤——自己生在新中国，长在红旗下，连"移民"两个字到底什么意思他都不是很明白，不过就是觉得国外的建筑学教育比中国好，想要深造，如此而已，美国人干吗非要说他有移民倾向呢？

其实现在认真深究起来，王谦当时被拒签并不难以理解。

移民倾向问题，历来是中国的美国留学签证申请者面临的一个大难题。不同于美国法庭上的"无罪推定"，美国移民法使用"有罪推定"原则，签证官总是首先设定你有移民美国的倾向，假设所有申请非移民签证的申请者的真实目的是想滞留

在美国。

除非该申请人能在面试中反驳签证官，让签证官确信自己不可能在进入美国后留美不归，否则，签证官是不会高抬贵手的。20世纪80年代中期，一位大家现在很熟悉的，名叫俞敏洪的先生，也是从美国大使馆被拒签出来，才毅然决然办起了新东方学校的。

近年来中国留学美国签证形势转好了，很大程度上取决于国内的经济形势，就业形势好于美国。但当时是20世纪80年代中期，美国是怀抱淘金梦的国人趋之若鹜的圣地。俞敏洪的小伙伴，后来成为出国签证咨询专家的徐小平，1987年底带着对未来的向往飞到了美国，他说："在美国，我打工一天挣的钱是在北大一个月的工资。当时的美国是中国人无法想象的发达国家。"

当时的美国一方面鼓励有钱人和有杰出成就的人去美国，另一方面美国法律却竭力严格限制有移民倾向的人入境。

签证官考察一个申请者是否有移民倾向，主要通过以下几个方面进行。首先是申请者的出国目的是否明确；其次考察申请者的归国计划是否真实具体；对于自费留学的申请者，还要考察申请者的教育投资是否有足够的回报率。

在这样苛刻的条件下，能够拿到签证的人少之又少。尤其是在高校林立、出国留学者相对较为集中的北京，出国留学的竞争也是十分残酷的。

而对王谦"移民倾向"的判断，签证官虽未加以解释，但却可以大致揣摩得到：

第一，王谦有亲戚在美国，可能也会步亲戚的后尘，留在美国。

第二，王谦要去就读的学校，并非美国一流大学，而他在国内的清华大学却是顶尖学府，可以判断为学习目的不明或者不纯。

第三，当时他出去要念的是本科，本科是没有奖学金的，可能会被认为经费不足。

第四，还有一种可能，他当时语言功力尚浅，要在签证窗口的几十秒钟内打动签证官，是很难的。

最后这次被拒签，让王谦受到很大打击。一个人无论再坚强，总归是要面子的。

大家都知道你要出国，结果老出不了，朋友、同学、亲戚，肯定背后有很多议论，这是很难堪的。

而且因为一再被拒签，时间已经拖到了 1989 年 5 月，之后，中国的出国留学出现了短暂的低潮。再签不出去，已经可以等同于要放弃了。

拿到签证，柳暗花明

一鼓作气，再而衰，三而竭。换了其他人，三次被拒签，基本上也就丧气了。但王谦没有放弃，他决定还是再试一次。

很多时候，人生的结果之所以不同，往往就在一念之间，就在你有没有再试一次。

王谦这一试的结果峰回路转，皇天不负苦心人。

1989 年 6 月 15 日，他拿到了签证！

在这种眼看山穷水尽的情况下，还咬牙坚持走下去，结果竟然有了柳暗花明的局面，这种际遇后来在王谦的人生里屡屡出现。

他对这种际遇充满了感慨，很难说清是命运捉弄，还是性格决定命运。他由此深刻体会到必然性和偶然性的辩证法，两者并非完全割裂、绝对对立的。命运也许是变幻莫测的，但关键是，你依然要努力做善于把握命运的人。

他从大使馆回到家，兴奋地向父母报告这个好消息。

妈妈在高兴之余，忽然说，你知道今天什么日子吗？

他说，当然知道，这么大的日子，我终于可以去美国了。

其实那一天是他的生日！他当时注意力全在出国这件事上，连自己的生日都忘记了。

签下来的日子和生日是同一天，这是颇令人高兴的，很像是个好兆头。

跨越重洋，逐梦世界

1989 年 7 月，王谦生平第一次坐飞机，飞往洛杉矶。

与很多在第一批出国潮中踏出国门的人们所津津乐道的一样，王谦至今对自己出国的一幕幕还记忆如新。

他记得当时的北京机场还设有军事管制，他进安检之前，父亲说了一句话。他说："你到国外记住，有志者事竟成！"

在王谦前半生起起伏伏的历程里，父亲的这句话对他影响至深。王谦的父亲15岁离家，独自在他乡辗转，虽历经磨难却从未停止过追求的脚步。日后王谦每一次绝处逢生，每一次峰回路转，都想起父亲的这句话，并领悟到：人走哪条路，有时候也许是命中注定的，但命运同时也掌握在自己手中。

清华建筑系有一个老教授陈志华，在清华乃至中国的建筑学术历史研究领域非常有建树，王谦曾经向他请教过出国的事宜。

他当时对王谦说了两句话：第一，出国是好事，如果你真的有机会出国了，记得一定要把你自己当成一个最普通的人，清华高才生之类的光环都要摘掉，不要把自己当回事。第二，你要去做最基本的事情，不管你有没有足够的钱交学费，你都要去超市打工，去餐馆端盘子，因为那是最直接有效的了解美国的方法。只有这样你才知道你是谁，你才知道你到了什么地方。

这两句话，让王谦在日后跨越重洋的学业和职业生涯受益匪浅，回味至今。

后来，他于1992年年底获得美国绿卡，2000年入美国国籍。王谦生活在中国和美国这两个国家，在这两个国家得到了最好的高等教育，历经两种优秀文化的熏陶和洗礼，吸收两个民族的智慧和精华。他游离在中美两种生活模式和文化氛围之中，有了两个故乡——中国和美国。他见证了两个国家的梦想——"美国梦"和"中国梦"。

遭遇美国教育的碰撞

表哥的建议：要不你别念书了

王谦没想到，他奔美国来是为了念书的，但还没入学，就有人劝他别念书了。

他刚到美国，先到洛杉矶的表哥家里落脚，住了一个月。

王谦的父亲、王谦洛杉矶的这个表哥以及国内另外一个姑姑家的表哥，一家子好几个学建筑设计或者搞工程的。他们对他影响很大，可以说除了个人对设计的爱好之外，王谦是在家庭影响下去学建筑设计的。

洛杉矶的这位表哥身体不太好，有哮喘，王谦的姑姑认为美国空气好一点，就干脆决定移民到美国。

表哥在大学读的是建筑系。到美国有了一定的积蓄之后，他就开始做房地产开发生意了。

王谦来了，他一看这个表弟也是学建筑学专业的，就让王谦跟着他到工地转，想让他了解了解美国的房子。此后的大学四年，几乎每个寒暑假，王谦都会到洛杉矶，跟着表哥实习。

王谦到美国的第一个月很快就结束了。

临走前，表哥对他说，要不然这样吧，我看你也别读书了，我一个月给你三千美元，你就跟我一起做吧。

月薪三千美元在那时候折合人民币相当于月薪三万多元。与当时国内的收入相比，这已经是一个大到不可思议的数字了。即便与现在大多数中国普通人的收入相比，都是极其有诱惑力的。

但是王谦回绝了。

他倒不是完全不被金钱所诱惑，只是他想得非常简单，也十分传统，就是觉得自己父母千辛万苦送他出来读书，总应该读出一点名堂才能对家里有个交代。

于是他谢绝了表哥的好意，还是去读书。

选专业：美国的建筑学专业

王谦最初决定留学美国的目的很单纯，当真是想出去深造。他放弃清华建筑系，千辛万苦去了美国，依然不改初衷，想要继续攻读这个专业，并打算考取注册建筑师，以后进入这个领域做自己的事业。

美国建筑学专业诞生于 19 世纪之初，而美国真正意义上开设现代建筑专业是 1865 年由美国麻省理工学院创办的。21 世纪初，美国共有 120 多所大学设置了现代建筑学专业，一些实力雄厚的学校还在建筑系的基础上成立了设计学院或建筑学院。

美国大学早期的建筑学专业本科学制为 4 年。1922 年，康奈尔大学开创了建筑系本科专业 5 年制的先河，以加强建筑系本科毕业生的基本功。20 世纪 40 年代，全美国大学的建筑学专业基本上都实行了本科 5 年制的教学模式。

目前美国各大学的建筑学一般设有两级研究生学位：建筑学硕士 (Master of Architecture) 和建筑学博士 (Ph.D.in Architecture)。

各所大学建筑学专业和学位均由美国国家建筑学鉴定委员会 (National Architectural Accrediting Board，NAAB) 组织评定，对其专业和学术资格进行严格的认证。

在美国建筑教育制度下，获得认证的建筑学院不仅要提供核心职业教育课程，也要保证能够提供充足的相关领域课程，如艺术、建筑技术、城市规划、建筑历史与理论、计算机技术、景观学、社会学、生态学、文物保护等。

选学校：西南路易斯安那大学

如上所述，在美国，设有建筑学专业的本科学校有两类：一类是美国建筑学会认可的，一类是不认可的。

王谦在学校的选择上事先预设了几个条件：

首先，他认定了要选所设建筑学专业被官方认可的学校。

这样，他毕业之后才具有考取注册建筑师的必要条件。这是毫无疑问的、硬性的、首要的原则。

其次，他希望可以选一个学费便宜一点的，性价比高一些的学校。

20 世纪 80 年代的中国家庭，除非来自特殊阶层，否则都不可能非常富裕。尽管王家没有到一贫如洗的地步，但也绝对没有足够的经济能力支撑儿子去就读那些收费非常昂贵的美国大学。这是非常现实的考虑，何况读本科又是没有奖学金的。

再次，王谦还有一个非常个人化的想法，他想要找一个离海边近一点的大学。

作为土生土长的北京人，王谦没有太多机会看到海，他在留学之前唯一一次见到大海，就是有一次去北戴河，他突然发现自己对大海情有独钟。既然现在有机会选择学校，他就想找一个离海边近一点的，能够日日夜夜守望波浪滔天的汪洋。读建筑学的人，大概骨子里都有一些诗意的细胞，否则没有足够强烈的审美的冲动，也无法做出有审美的设计。

被这样浪漫的冲动所驱使，对美国地理几乎一无所知的王谦，用了一个最简单但也相当不可思议的方法选择自己就读的学校：在地图上找。

找了一圈，真的给他找到了一个，在墨西哥湾边上。

当时他想，墨西哥湾啊，旁边肯定就是海对不对。

于是他就选了这个学校。

结果到那儿一看，海倒有，就是非常远。

王谦找到的是西南路易斯安那大学（Universty of Southwestern Louisiana，USL. 后改名为"路易斯安那大学"，University of Louisiana)。但是，他面朝大海的心愿却落空了，因为密西西比河流经路易斯安那州境内达 965 公里，最后才注入墨西哥湾。

西南路易斯安那大学由 8 所成员大学组成，最著名的是 1860 年成立、位于路易斯安那州首府巴吞鲁日 (Baton Rouge) 市的这一所。王谦就读的大学在拉法耶特（Lafayette,Louisiana）市，距离巴吞鲁日还有 1 小时的车程。

按照王谦事先预设的三个择校条件去衡量，西南路易斯安那大学确实是个近乎合理的选择。

首先，从专业上看，西南路易斯安那大学的建筑学专业是官方认可的。王谦所选择的建筑学专业也是该校的优秀学科之一。

其次，在同类高校中，西南路易斯安那大学收费不高，是性价比非常高的一所全国著名的研究型综合大学。

再次，从环境上看，尽管它距离王谦"面朝大海，春暖花开"的梦想有点远，但西南路易斯安那大学的校园却是全国校园最漂亮的三所大学之一。进入学校，就会发现名不虚传。整个校园其实都是一个巨大的橡树林，校园里主要建筑楼房有

250 多座，集中于面积约 260 多万平方米的高地上。主校园设计风格上最初是采用文艺复兴时期意大利北部地区灰墙红顶的建筑风格，同时成功地兼收了古代建筑艺术之风。校园内的高地原是早期一位富商的大庄园，校内的钟楼高近 54 米，又是校园里的独立战争纪念塔，在塔顶可俯瞰整个校园，是路易斯安那州的标志性建筑，每隔半小时钟就鸣响一次。校园风景可以说是美不胜收。

既来之，则安之。王谦在这座理性美与感性美并存的校园里，接受了建筑学专业本科四年的熏陶。

西南路易斯安那大学的建筑学本科是 5 年制，但 5 年的课程王谦 4 年就完成了，最后一部分直接跳级，因为有部分课程王谦在国内已经学过了，那时候中国的基础学科教育还是很扎实的。

本科阶段唯一的 B：中美建筑学教育的碰撞

国内的基础学科教育固有其优点，但带给王谦震撼最大的，却是它与美国建筑学教育观念的差异，以及由这种差异带来的碰撞。

中国 20 世纪 80 年代的建筑学专业设计课的教学模式就是画图，以传统素描、水粉画、钢笔画等纯绘画的造型方法和训练模式为主要教学内容。由于强调遵循规范，设计课程设置缺乏创新和开拓精神，教育缺乏灵活性和个性色彩。学生逐渐形成了固定的绘画思维模式，阻碍了设计思维的激发和发展。

曾经在这种技术匠才式教育中受训的王谦，到了美国突然变得无所适从，因为美国的建筑学设计课强调的是创造性思维。

这是一个非常大的差异。不过，王谦起初几乎没有意识到这种差异。换句话说，他对美国建筑设计尚未开窍。

王谦遇到了一件令他开窍的事，就是遇到了一位老师，英国人阿伦（Allan）。当时是阿伦布置了一个设计作业：设计一个幼儿园。把作品交上去之后，王谦得了一个 B，这是他到美国之后的第一个 B。而另外一个同学，就在一张草纸上画了一张草图。在王谦眼里，那算什么破玩意儿啊，太随便了，一点儿都不规范严谨，但是这个同学得了 A。

王谦感到有些不可理喻。在国内，他对设计课多少是有些自负的。他在清华就画得很好，他把他的钢笔画、水彩墨全都给用上，而且他画得又比别人多。他画得又多又好，却莫名其妙，得了一个 B！

王谦感到不公平，于是就去找阿伦，问他，你为什么给我 B？

因为你的设计看起来很好看，但是我看不到思想，阿伦回答。

王谦后来回忆说，他当时听了有一种醍醐灌顶的感觉。

原来老师给 A 或 B，不是看你那个东西看起来漂不漂亮，而是看后面的东西。就像玛雅林设计越战纪念碑，评委看的是设计的思想，不是看设计的表现手法。无论你的设计是花里胡哨还是精美绝伦，如果没有思想做支撑，就是务虚。王谦现在理解了，美国人这一点上更务实，看表面属于务虚，看思想才是务实。

比如这次设计，同样是设计幼儿园，在中国和美国，设计师所接受的命题是不同的。

在中国，设计者会被告知有多少个班级、有走廊、操场、厕所、餐厅等，你就参考以前的规范去画吧，按照以往大家所认为的那样，实用和美观就可以了。

设计师于是会根据以往的经验，去画他见过或者他知道的幼儿园。比如王谦的那个设计，尽管看起来很精美，但是却看得出来是一种抄袭、一种拼凑。

而在美国，设计者是要去"创造"幼儿园，你运用你的知识、经历、背景、理解，把你所认为的幼儿园刻画出来。美国的老师想看到的是"你认为的"幼儿园，而不是"大家认为的"幼儿园。

你自己创造的幼儿园，那个东西你画出来之前，可能你自己都没有见过，更不要说参考别人的。而设计者要想拿出一个有内涵的设计来，就必须得有足够的知识和阅历。

如果你的大脑是一片空白的，你就必须逼迫自己去反思。比如说，你要去想，幼儿园是干什么的？幼儿园的功能是什么？里面有什么人？老师要教育小孩吗？如何教育？小孩具备什么特质呢？小孩在这个年龄需要什么？小孩与他需要的东西之

间的关系是什么？

设计者被这种设计理念倒逼，回到命题的本质，然后发挥自己的创造力，把自己对这个事的理解，从内到外地表达和表现出来。当把那些本质的问题弄清楚了，你所要设计的幼儿园自然就出来了。

那位拿到 A 的同学，尽管他并未在画图上下功夫，但是他追求的是一种基于理念的原创精神。

当初王谦在清华的时候所朦胧意识到的中国教育与美国教育的差距，他在这里有了切身的、真实的体验。

他意识到，中国现当代的建筑学更多的是技术性的，教你扎实的技术性的功底，但是受到传统、社会等各方面的制约，在美学方面没有什么发展。而美国的设计之所以好，绝不是因为设计师画得好，或者模型搭得漂亮，而是因为国外的建筑始终在强调个性，强调美学的流派，甚至上升到哲学与宗教的高度。

推而广之，中国的教育，是培养一个听话的人；而美国却是培养一个不听话的人，一个有个性的人，一个可以跟着自己感觉走的人，一个不用顾忌太多的人，一个个人英雄主义的人。

这件事情并未到此结束。

王谦经过阿伦的提点，说："我懂了，我回去把这个设计重做一遍。"

重做之后的设计，得到了阿伦的认可。他说："你这个设计具备 A 的水平，但我不能改成绩。"

王谦说："没关系，你不能改，本来就不应该改。但是我要确保我理解了你的东西。这也是我的性格。我根本不 Care 是 B 还是 A，我 Care 的是这个过程。"

王谦至今很感谢这位老师。虽然他给了他本科阶段建筑设计课的唯一一个 B，但他用这种方式教会他很多东西。

王谦从中国到美国，必须适应两个国家的教育体系的差异。刚开始是他不得不强迫自己去适应，很痛苦，但后来，适应之后，越来越愉悦。

暑期实习生：美国房地产初体验

本科期间，除了在校学习，王谦也得到了直接接触了解美国房地产的机会。

王谦洛杉矶的表哥从事房地产开发，从 1989 年到 1992 年，几乎每个寒暑假，王谦都到洛杉矶，跟着表哥，做实习生。他的特长是画图，在这里，他画的是真实的施工图。除了汲取实际的工作经验之外，他还能有些收入，更能让家里人放心。

因为是亲戚，表哥对王谦没什么顾忌，所以王谦的实习真的是实习，实实在在地接触到很多美国房地产开发的环节。

从设计环节到施工环节，再到美国的政府监督——审查环节，他都有接触到，对美国房地产开发有很直接的了解，有很直观的感受。

在实习的过程中，他感受最深的第一点，是美国政府房地产开发管理制度的规范、成熟，以及由此带来的管理流程上的公开、透明。

在美国，开发商可以跟私人买地，而且通常都是跟私人买地，直接跟私人达成交易就可以。表哥做的是以高绿化率、低容积率为主要特征的低密度住宅，比如别墅等。

王谦记得他亲身参与的其中一个项目，就是做了一个别墅。表哥看上了一所旧房子，房子很老了，但是地蛮大的，他就把这个房子买下来。然后他们把旧房子拆了，再盖一个新的，就可以赚钱了。

拆旧盖新，这中间也需要跟政府申请，需要经过一套程序。

第二个让他印象深刻的事，是美国房地产业由繁荣走向萧条给个人带来的灾难性后果。

这个经验就建立在表哥遭遇的痛苦上。

表哥和他的合作伙伴，把一所学校的一块教育用地买下来之后，向政府申请，把它通过规划调整，调成了低密度住宅。他们一共要建 48 栋别墅，档次都很好。他们贷款开发建房，原本预期可以大赚一笔，但是他们偏偏赶上了 1992 年，美国经济的萧条。于是银行的款还不上，最后房子被银行收走了。

表哥因为这个项目受到的打击很大，从此一蹶不振，退出了房地产开发行业，

只做些小本经营。

王谦第一次对地产的风险以及地产周期性有了深刻的认识。

本科毕业

总的来说，本科阶段王谦并没有遇到很大的学业阻力。第一，他的学习底子相当不错。第二，美国本科的课程不难。第三，西南路易斯安那大学不是顶尖的名校，竞争小。所以一路读下来，王谦的成绩是比较优异的。

20 世纪 90 年代的中国留学生几乎清一色都是学业的佼佼者，其留学的终极目标各异，但初始目标大多是尽可能出色地完成学业。

1993 年，王谦出色完地成了本科的学业。

麻省，我来了!

心仪的学校：麻省理工学院

在美国申请读硕士研究生和国内一样，都要提前一年准备。

本科尚未毕业，王谦已经在考虑继续深造，读硕士研究生。

读本科的时候，王谦刚到美国，尚未适应，还处于两眼一抹黑的摸索阶段。当时能来美国就算是谢天谢地，做不了太长远的打算。所以，他当时对于选择什么学校，眼光不算太高。

但现在就不一样了。

王谦向来喜欢挑战，也不否认自己当时的虚荣心。硕士研究生，王谦想要读美国最好的学校。

他觉得这样能让父母高兴，回国也更有面子。

最好的学校，在中国是清华、北大，在美国就是哈佛、麻省。

作为理工男，王谦对麻省心仪已久。

麻省即麻省理工学院 (Massachusetts Institute of Technology，MIT)，是美国位于马萨诸塞州的一所研究型私立大学，其自然科学及工程学在世界上地位很高。只要提起"世界理工大学之最",人人皆推麻省理工学院。麻省蜚声海外,是世界理工科精英云集之地,成为世界各地莘莘学子心向神往的科学圣殿。

想走进麻省理工,成为它的学子,难比登天。麻省理工的录取率极低,每年只录取 2000 人。打个不太恰当的比方,从西南路易斯安那大学的本科考去麻省理工的硕士,基本上就类似于从北京的某个工厂子弟学校高考考入清华。

而能从麻省理工走出去,顺利毕业,则比登天还难。就如他们一位教授所说,"再优秀都还不够优秀"。在这里紧张的理工科学习被称为"高压锅",新生们第一学期上的课都不用字母表示的成绩,只给打"通过"或"不通过",算是校方尽力想给学生们缓解点压力。

据说麻省理工的学生,在 3S,即 Study(学习)、Sleep(睡觉)、Socialactivities(社会活动)中,一般学生只能做到两个,有谁三个都能做到,那就是"超人"。麻省理工的学生必须拿满 360 个学分才能顺利毕业,而在竞争激烈、要求严格的麻省理工,每一个学分都很难拿到。麻省理工的学生,读起书来不管时间,睡起觉来也不管空间。当然,即便如此,麻省理工的学生在入学后四年内的毕业率依然高达 92%(全美排第三名)。

麻省理工如此严进严出,令无数学子又爱又恨,又恨又爱,却丝毫没有削弱它对王谦的巨大吸引力。或者说,这种令人爱恨交加依然无法割舍的特质,正是名校的魅力所在。

然而,雄心壮志说起来容易,但要真的付诸行动,却让王谦犹豫了很久。

要是万一没考上呢?当时才二十多岁的王谦顾虑的第一件事,是自己的名声。经历之前出国的三次被拒,他深知受挫的滋味。他那么爱惜名声的一个人,报了麻省却考不上,用北京话来说,实在太跌份儿了。可为了避免眼高手低,保证安全,报一个差学校,他能甘心吗?

何去何从,让王谦摇摆不定,想了很长的时间。

车祸：大难不死

而最终让他下定决心选择报麻省，并且为之全力以赴的居然是一次交通意外。

那是 1992 年的暑假。大学一放暑假，同学当然都是各有打算，有的人去勤工俭学，有的人去旅游。

王谦每次都选择去洛杉矶到表哥家里。往常他都是坐飞机，那次暑假，刚好班上有个墨西哥同学，跟王谦关系不错，他提议，要不咱们一起开车去洛杉矶吧？公路旅行（Road Trip），顺路还可以玩玩。

Road Trip 在美国文化中的地位是很高的，也有着悠久的历史。因为美国是汽车国家，已经有百年的汽车文化。美国很多小说、影视作品会反映 Road Trip，典型的例子就是凯鲁亚克的《在路上》。

它类似目前中国的"自驾游"这种旅游形式，但还存在着一定的区别。

中式自驾游一般是有目的地的，开车只是到达目的地的手段而已。可是美式 Road Trip 一般指目的地不重要（甚至没有目的地）地到处开车玩，在路上有很多冒险，各种际遇。过程比目的地更重要。

所以，一般美国 Road Trip 者不会选择高速公路，而是会走老路，因为老路上有更多的风景，更多的小镇。

在美国，这是非常受欢迎的旅行方式，因为既自由又经济。

王谦从未尝试过，于是兴致勃勃地一口答应下来，两个人搭伴就上路了。

当然，王谦他们这次自驾还是有目的地的——洛杉矶。但他们并不着急赶赴，所以可以醉翁之意不在酒，边玩边走。

他们两个人轮流开车。

第一天夜里，先是王谦开车。开到夜里一点多的时候，轮到他休息，墨西哥同学开车了。

王谦下车，换到副驾驶的位置上，把椅子放倒，系上安全带，准备睡觉。

这时候，悲剧发生了！

这位墨西哥同学估计也是个文艺青年，公路旅行还带了一只猫，而且开车的时候，还老要把那只猫抱在怀里。

他那会儿刚刚睡醒，迷迷糊糊地坐到了驾驶位，迷迷糊糊把车启动了，这时候发现猫不在手边，于是回头伸手就去抱猫——结果，方向盘就失控了！

美国的那条路不像现在中国的高速路高架桥有护栏，那就是平的路，路两边一片荒凉，基本没什么大的障碍物。

他们的车一下子就从路上翻了下去！

不幸中的万幸是，那哥们儿坐下去刚启动没多久，速度还没有提上去。车子翻出去，又打了个滚儿翻了过来，既没有掉落到深渊，也没撞到什么东西。

万幸中的不幸是，两个人惊魂未定，那位墨西哥朋友一动方向盘，整个车居然又转起来，干脆翻到对面的路边去了！

翻车的过程中，王谦一直躺着。车是往他那个方向翻的，冲击力非常大。

王谦系着安全带，人没有飞出去，但胳膊把旁边的车窗打碎了。而且那个玻璃还不是钢化的，破碎之后全是尖锐的玻璃棱角。

他感觉到胳膊很快就要触及地面，那个撞击力完全够他来个骨折。出于本能，他赶紧起身把胳膊往回拉。往回这一拉不要紧，碎玻璃把整个胳膊都划开了，长长一道，深可见骨，顿时血流如注。

紧接着他的额头又磕到了车顶，血流满面。他身上穿的那件牛仔夹克没一会儿就全被血浸透了。

交通意外都是说时迟那时快，短短一瞬间的事情，王谦的人生就差点儿颠了个个儿。

车完全翻过来之后，车盖后面都瘪了，前面那两个轮子还撑着。

两个人冷静下来互相看看，还行，都还在喘气。

从车里爬了出来，王谦从行李箱里拿出一条毛巾，把自己包一下，祈祷千万别得破伤风。

虽然人没事，但车看样子是不行了。

眼看身上还在继续流血，怎么办呢？只能赶快到路边去拦车啊，希望能找个顺风车把他们带去安全的地方。

但那个点根本没车，就算偶尔有一辆车，也没人敢停——那个地方太荒凉了，鸟不生蛋的地方，何况这二位还这个造型。

拦了老半天，实在没车，两人一合计，王谦拿了主意，算了，看看自己的车还能不能动吧。

一试，还真能动，但那个速度啊，基本上就已经不算是机动车了。

两个人开了将近半小时开到一个加油站。

王谦浑身都是血，一直捂着头。人刚受伤的时候，因为肾上腺素的大量分泌，注意力高度集中，所以不怎么会感到痛，肢体是麻木的。而且这两个人都第一次亲自遇到车祸，大难不死，到了加油站还是很兴奋，觉得没什么事。

事实上，王谦身体的受创程度已经相当严重了。

说起来也巧，刚好有一个美国军医路过加油站，遇到了他们。军医的后备箱总是有急救包的。

他看到王谦这样，赶紧用加油站超市里的水帮王谦清理。清理完以后，他说，你别动，你等着，我们已经喊了急救车。

后来王谦才知道，遇到这个军医，他真的很幸运。因为医院太远了，等了40多分钟，急救车才来。如果没有这位军医的紧急处理，任由耽误下去，后果真是不堪设想。

救护车一来，把王谦送到附近的小医院进行缝针、包扎、打破伤风针。

第二天，王谦就改坐飞机，去了洛杉矶。

痛定思痛：好了伤疤没忘了疼

到洛杉矶后，表哥听完他的遭遇，拍着他的肩膀，居然说，你中彩了，大难不死，必有后福，走，我们去拉斯维加斯玩一把！

两个人真的一起去了拉斯维加斯，一下去了七天。

这七天，王谦在拉斯维加斯玩得乐翻天，完全没有换药。

倒不是因为他疏忽，而是因为他误解了医生的意思。在医院的时候，医生说，你前面七天每天要换药的，结果王谦的英文当时不大灵光，或者是撞糊涂了，他给听成了七天换一次药。

他在拉斯维加斯玩疯了，什么都不想，回到家一看，糟糕，伤口化脓感染了。

接着他又进医院。化脓感染的问题，前前后后折腾了好久，受了不少罪。

好了之后，手臂上留了碗口大的一个疤。

这次车祸说大不大，说小不小，身体留下的创伤是可以治愈的，但它给王谦带来的教训却是持久的。

这次车祸告诉王谦：第一，大难不死全凭运气；第二，在异国他乡，英文一定要学好；第三，他觉得自己年轻的时候实在太蠢了。

车祸之后的决定：考麻省

1992年那个暑假假期结束，研究生报名。

王谦在报名表上填了麻省理工。

他以前没有这个勇气。因为自己感觉没到位，麻省理工，顶级名校，太高太远了，可望而不可即，似乎是不可能发生的事。既然不可能，为什么还要去做呢？那时候他有点畏首畏尾。

但是车祸之后，王谦重新理解了生命。从考清华，到留学，到本科毕业，他一路走来，算是挺顺利的，没经历什么病痛灾难。一个人太顺利就容易把自己放大，觉得世界都在自我掌控之中，个体的想法和做法似乎是最重要的。但事实上人作为万物之灵，在单纯的生命意义上，跟蚂蚁没什么区别。这个世界，这个宇宙，有太多太多的东西是无法被人控制的。

但是，正因为有那么多的不确定性和不可控制性，人反而应该更积极地去面对自己的选择，去做好每一件自己想做的事，追求自己想要的目标，积极过好每一天。当下认准了就要去做，因为人生短暂，机会并非取之不尽用之不竭的。不要以为总还有明天，一切都是不一定的。

这种"努力活在最后一天"的思维模式自此深深种在了王谦的人生里。无论面对什么样的选择，他都保持着二十几岁那个愣头儿青的本色，面对不可能，也要试试看。

选学院、专业

王谦想读的是麻省理工学院建筑与规划学院（School of Architecture + Planning，简称 SA+P）。

建筑与规划学院是麻省理工的五大学院之一。建筑与规划学院包括五个机构或项目：建筑系（Department of Architecture），城市研究与规划系（Department of Urban Studies+Planning），媒体实验室（MediaLab），房地产中心（Center for Real Estate，也就是王谦日后第二个硕士学位所就读的机构），艺术、文化与技术项目（Programin Art,Culture and Technology），形成了具有强烈特色的跨专业综合性学科群。

王谦当时选的专业是：建筑与城市规划（Architecture and Urban Planning），开设的学位是 Masterof Sciencein Architecture and Urban Planning，是为已经获得美国建筑师学会认可的 5 年建筑学本科学位 (Bachelor of Architecture) 的人士提供的硕士课程，学制两年。

他之所以选择这个专业，首先，当然是因为喜欢；其次，因为麻省的这个专业在全国乃至世界的排名不是第一就是第二，与哈佛不相上下。

精心准备，突破关卡

为了读麻省建筑与城市规划专业，王谦花了不少时间，仔细研读它的入学条件，一条都不漏。

他总结出了五个条件，是申请麻省这个专业一定要具备的。到现在这几个条件也没有特别大的变化，可以供后来者参考：

第一，英语考试成绩。外国人一定要考托福、GRE，而且成绩一定要过关。

第二，本科课程成绩。

第三，推荐信。

第四，一个设计作品集。

第五，自荐信。

这五个条件是五道关卡，王谦反复掂量，琢磨，研究，打算各个击破。

在他眼里，第一个条件，英语成绩不成问题。真正需要斟酌考虑如何达到的是后四个条件。

一、本科成绩。

王谦的本科课程成绩是过关的，虽然不算最好，但申请麻省不会造成障碍。这一关算过。

二、推荐信。

麻省要求提供三封推荐信，王谦准备了不止三封。

第一封是他在校期间实习过的规划局的局长写的；第二封是西南路易斯安那大学建筑系主任写的；还有一封来自耶鲁的讲师，王谦大四的设计课老师，是当地资深的教授，在专业领域很有权威；最后一封，王谦请了清华建筑系的一位资深教授——高义兰教授来写。

其中，高义兰教授在中国建筑界是非常德高望重的。王谦请父亲去拜访他，告诉他自己的目标和请求。去之前其实真的没有抱什么希望，因为高教授是很有名望的人，为一个无名小卒写推荐信，是非常难以想象的。结果高教授真的写了。

这几封信涵盖了各个身份的推荐者，王谦考虑得很全面了。他算是攻下了一道难关。

三、作品集。

在西南路易斯安那大学王谦那一届，他算是花了最大的经济代价和时间去做作品集的人。

20世纪90年代初，很多高科技的东西刚刚面世，包括彩色打印在内。当时彩打是很昂贵的，但王谦不惜代价去做自己的作品集。这不是因为他特别有钱，如果有钱，他就不会为了节约资金选择一个相对便宜的学校了。

王谦认为，这是一个观念问题。很多人都比王谦更富有，但他们不愿意把钱花在作品集上。他们觉得这个东西有什么关系呢，没有那么重要。

而王谦认为，在建筑系，对一个设计师来说，作品集是最能直接体现自己专业水平的东西。为了做好作品集，就算花掉自己最后一分钱都是值得的。

所以，他把自己的作品集制作得非常精致。

这一关，王谦认为，除非极度挑剔，否则通过应该也是顺利的。

四、自荐信。

王谦精心准备了一份自荐信。在信里，他准确表达了自己为什么要读麻省理工，陈述了今后的职业目标和规划，以及麻省理工应该选择自己的理由。

一切准备都井井有条，向着目标前进。

但他没料到，会在阴沟里翻船！

只欠东风：托福考砸了

英语成绩是申请读麻省理工最基础的一个条件，而且是很硬的条件，板上钉钉的标准在那里，没什么好商量的。

王谦所有条件都想到了，都精心准备了，以为万事俱备，结果在最不应该出问题的地方栽了跟头：他的托福考砸了！

更糟糕的是，考托福有时间限制，当时在报名期内已经没机会再考了。

毛遂自荐：我就是喜欢麻省

如果其他人遇到这种事，大多是怨天尤人，回家摔摔打打再躺几天，然后认命拉倒，最多是鼓起勇气明年再来。

但王谦决定主动出击，亲自到麻省去给自己争取机会。

性格决定命运，王谦的性格本色就在这里显露无遗。

他直接买了一张机票，去了麻省。

他在麻省谁都不认识，上哪儿找人问招生的事都不知道。

但就这样，还硬给他找到了负责招生的一位美国老太太，麻省理工建筑学院(School of Architectureand Planning) 建筑与城市规划部 (Department of Architectureand Urban Planning) 研究生招生办主任。

他直接杀过去，就坐在研究生招生办公室，硬是死等，等到了办公室的负责人上班。

美国一样有官僚主义，一样会让你走投无路，但你如果真找上了门，他们也一定会接待你。

王谦也不怯场，上去就介绍自己是谁，为什么跑到这里来，表达了自己对麻省的一片热爱。

他说，我真的很喜欢你们学校，希望能在这里继续学业。

他能提这个要求，其实也不是完全没有准备去的。

他手里有牌：他当时已经被哥伦比亚大学录取了。

麻省理工研究生，要求看托福成绩，但是哥伦比亚大学是不要求看的，哥伦比亚大学在美国也是响当当的好学校。他们事实上已经录取王谦，就等他去报到入学了。

被哥伦比亚大学录取，这说明这个学生的综合素质是很高的，否则也不会被百里挑一的哥伦比亚大学选中。

要不是因为有这张牌，换个人去麻省理工表心愿，也未必就能如愿以偿。

王谦说他已经被哥伦比亚录取了，但就是不想去，心心念念的还是麻省。他其他条件都没问题，就是托福成绩不好，没达到要求。

他提出，能不能保证一学期之内再考，而且一定考过关，否则自动退学。

那位负责人看了他半天，居然同意了！

如愿以偿，顺利进入麻省

就这样，1993 年，王谦来了麻省。

按照事先约定，他第一学期就很顺利地通过了托福。于是，他也得以继续留在麻省，攻读他喜欢的专业。

每个人都有自己的故事，很多人的故事里都有悲欢离合，有很多成全和放弃。但有些时候，有些事，需要的并不是放弃，而是想尽办法达成。

王谦从来不觉得自己聪明，如果要问他如何从低到高一路走来，他往往会说，他的强项在把握当下。利用手里已有的机会，拼出120%，再来看回报和结果。

他从来不觉得路还长，从来不觉得未来比眼下的事更重要。"以后还有机会"这句话其实是没有意义的，因为很多时候，你可能就这一次机会了。

如果当时没有把握机会，王谦就与麻省无缘。而他把握了，而且把握住了。

读麻省第一个硕士学位的意义

直到拿到第一个硕士学位，王谦都没有想过自己以后会去做地产，当时的兴趣还是想开事务所。当然他想做的也不是纯粹的专业人士，而是想做有专业背景的生意人，或者叫作 Service Provider，职业设计师。

他当时还没有在社会上混过，对于专业给自己定了一个职业方向这一点，并没有十分清晰和强烈的意识。

多年之后，他变身生意人身份，进入地产界，他却仍然认为麻省的教育经历是他的宝贵财富。

首先，说得虚一点，麻省是他的一块金字招牌。多年后，他说起，作为国内二、三线城市开发商去和高大上的投资者谈合作，可能人家见都不见他；但是如果说有一个麻省硕士在这个二、三线城市做项目，对方尽管可能根本没有听说过这座城市，却可能单单因为"麻省"这两个字，他们会愿意跟他谈。尽管最后对促成他们合作起到决定性作用的，并非这个敲门砖式的理由。

其次，说得实在一点，这是专业上的一笔财富。他作为专业人士接受到的教育，为后来进入房地产行业打下了理论指导实践的重要基础。

麻省的教育确实是比较好的，一方面是教育的理念，另一方面是教育的方法，再就是教育的内容。比如当时他们所学的城市经济学，它的课程的组合不是局限于画图或者设计，它更多的是经济学。这些对于王谦后来做地产，都是重要的理论层面的支持。

拿到第一个硕士学位

王谦 1993 年进入麻省理工深造，读了 2 年硕士，读的是建筑与城市规划。学制其实是 3 年的，但他已经有了本科的建筑师学位认可，就不需要那么长的时间。

1995 年，他硕士研究生毕业。他把父母请到美国波士顿参加毕业典礼，并为自己感到自豪。

那时候的王谦，在建筑与城市规划这一行上，已算是科班出身的专业人士了。

完成麻省双硕士学位

为什么攻读第二个硕士学位？

1995 年拿到第一个硕士学位之后，王谦步入社会，开始了职业生涯，但他求学生涯并未就此结束。

7 年之后，在做过设计师、开过设计公司之后，2002 年，王谦再次走进了麻省理工，攻读他的第二个硕士学位——房地产开发与金融。

这无论是在他的学业上，还是事业上，都是一个重要的转折点。

因为这个时候，他决定要进军房地产行业。

由于当时积累了第一桶金，他在美国陆续购置了一些房子，在房地产行业尝到了甜头，再加上自己的兴趣爱好，王谦把目光对准了房地产行业。

他不满足于仅仅买几幢房子升值赚钱，他有更高远的追求。

于是，他放弃了设计，放弃了设计公司，排除了在其他领域赚钱的机会，专心致志地想打开中国房地产的大门，迈开进军中国房地产市场的第一步。

房地产是一个资金密集型的行业。王谦知道，以自己的资金实力，是没有办法迅速进入房地产行业的，必须要利用金融杠杆。

他首先想到的是如何利用自身优势，也就是他连接中西的优势，让自己能够顺利进入房地产行业。他很自然地就想到如何把美国的资金带到中国的房地产市场，利用自己的专业和自己有限的资金，在中国做房地产。也就是把国外的钱和行业理念，和国内的市场结合起来。

如何才能够进入美国地产基金的圈子呢？王谦想到的最有效的办法，就是回到他的母校——麻省理工学院，读房地产开发与金融专业的硕士学位。

于是，在明确的目的指引下，王谦开始了他再次攻读学位的历程。

选学校：还是选麻省

王谦的第二个硕士学位，再次选择在麻省理工。

为什么还是选麻省，有两个原因：

第一个，他对麻省熟。通过读第一个学位，他已经把麻省的规则弄得很清楚，知道在这个以严格到变态著称的名校，如何拿到 A，顺利拿到学位。

第二个，因为麻省有符合他此时读书目的机构和专业。

选机构、选专业：房地产中心的房地产开发与金融专业

王谦第二个硕士学位所就读的，是我们前面介绍过的，麻省理工建筑与规划学院的机构和项目之一：房地产中心（Center for Real Estate，CRE）。

麻省理工的房地产中心成立于 1983 年，是美国最早的房地产中心，有交叉学科的独特学位，有建筑系、经济系、规划系、金融、商管学院的课程。

麻省理工学院研究生的所有的交叉学科项目，都必须在某一个系(或中心)就读。

王谦所选的第二个硕士学位的专业是房地产开发与金融。这个课程包括很多内容，包括房地产金融、房地产开发管理，有很多 keystudy、案例学习，还有企业管理的一些常识。

两个硕士学位的区别

王谦第二次回麻省去读书与第一次最大的区别，就是他的目的性非常强，他是为了去切入美国的房地产基金，为今后进入房地产行业做准备。

目的的不同，决定了他的侧重点有所不同。

在读书方面，读第一个硕士学位的时候，他读书很用功；现在他不会在读书上花那么多时间和精力，他更多的是想了解整体的行业特色。

在社交方面，第一个硕士学位的时候，他不会特别注重社交，去结识与事业相关的功利性的关系；现在，他会考虑通过读书，认识一些圈内人。通过与麻省理工的校友、同学交往，他建立起一个美国房地产投资基金、美国开发商的人脉圈子。

"美国模式"：王谦对美国房地产行业的认识

王谦读第二个学位就是为自己将来的事业做准备，于是他开始有意识地研究美国房地产行业的模式，比如融资模式、开发管理模式，以及美国的法律法规对于这些模式的合理运行所起到的规范和保障作用。

融资模式

王谦在对美国房地产行业的融资模式方面最重要的认识，是对美国的房地产基金这个重要渠道的深入认识。

美国的房地产行业有一个高度细分的专业化分工，房地产投资就是这个专业细分里面的一个环节。美国房地产行业的投资跟开发管理是分开的。

在美国，房地产基金是房地产融资的重要渠道，起源于1900年初想在发展中的房地产业谋求利润的一些新英格兰商人。从起源到现在，经历过三次浪潮。[1] 目前，美国大概有80%的房地产投资来自以地产基金为主的民间直接融资。房地产私募基金是从事房地产收购、开发、管理、经营和营销，以获取收入的集合投资制度，是房地产开发直接融资的重要方式。

房地产基金会找到他们认为合格的公司或者项目，然后通过一个投资结构，能够把钱投下去。

房地产基金最常见的形式，是有限合伙（Limited Partnership），这是20世纪以来风险投资行为采用的主要组织形式，而且通常就以基金的形式存在。

1　黄云、杜猛、杨雁梭：《美国房地产基金发展的三次浪潮》，《住宅产业》，2004年第10期。

要明白具体什么是有限合伙，就要先了解 LP、GP 的概念。

LP 指的是有限合伙人，limited partner，就是出钱的，仅仅投资资本，但不参与公司管理。

GP 指的是普通合伙人，general partner，就是负责投资管理的。

LP、GP 两方面合起来，就采用有限合伙的方式。

投资人以有限合伙人（LP）的身份，以出资为限对合伙企业债务承担有限责任；而基金管理人以普通合伙人（GP）的身份对基金进行管理，并对合伙企业债务承担无限责任。这样既能降低投资人的风险，又能促使基金管理人为基金的增值勤勉谨慎服务。

在房地产行业，地产基金会作为有限合伙人（LP）参与到项目上，是投资人，就是出钱的，不负责干活，只承担有限责任；开发商作为普通合伙人（GP），是开发管理人，就是干活的，有时也出一部分钱，要承担无限责任。

当时王谦有机会接触到作为 GP 的开发商，也接触到作为 LP 的地产基金。王谦的一位学长，当时在波士顿一家地产基金管理公司 Taurus Investments。所以，王谦对房地产基金这种融资渠道的认识，一方面来自书本理论，另一方面也有来自现实的认识。

房地产基金这种在美国已经有百年历史的融资渠道，在中国，却还是个新生事物。

在中国，20 世纪 90 年代，外资房地产基金开始进入。2002 年，以中城联盟为代表的本土房地产基金开始起步，到 2006 年，伴随着房地产调控趋紧，国内房地产基金才开始步入快车道。2010 年，房地产行业进入密集调控期，房地产基金开始加速发展，这一年也被业内视为中国房地产基金元年。

王谦 2002 年对美国房地产基金这种融资模式的认识和接触是比较早的。他后来回国投入房地产行业，把国外的基金引进中国房地产市场，在国内也是最早的一批先行者之一。

开发管理模式

在开发管理模式方面，王谦接触到很多在当时来说很先进的管理理念和技术。

比如，发挥网络和数据库的优势来管理施工现场。美国的开发商会在整个开发预算里面留 1% ~ 2% 来安装摄像头，建立数据库。开发商在电脑上就可以看到各种数据库，通过网络和数据库，可以提高工程管理质量，对材料进行管理，对安全进行监控，对进度进行控制。

这是美国 10 多年前的理念和技术，在 2002 年已经算是很高级了。而中国直到现在都还没有实现这种管理。

正是以上这两点认识，奠定了王谦日后回国进入中国房地产业之后所推崇的"轻资产，重管理"的"美国模式"的理论基础。第一点认识重在"轻资产"，第二点认识重在"重管理"。

王谦也了解了美国房地产开发行业相关的一些法律法规

这也是至关重要的一点。因为，只有了解了美国的法律法规，你才能理解为什么"美国模式"在美国可以行之有效。比如，理解美国如何保证 GP 与 LP 这种关系的有效性。为什么美国的总包不怕开发商不付钱，为什么美国的开发商一定会给总包付钱？这都是因为美国有法律环境，以及由此形成的市场诚信环境。美国人有强烈的法律意识。当整个社会法律够健全的时候，个体不得不强化这个意识。

举个例子，美国的总包，他不担心开发商不付钱。因为他可以在物业上放一个留置权（Lien），就是放个债权。留置权是指债权人按合约占有债务人资产，在与该资产有关联的债权得到清偿前留置该资产，并在处置该资产时优先受偿的权利。如果开发商不付钱，总包就可以行使留置权。开发商如果不给总包付钱，那么他的房子以后就没有办法卖，也没办法贷款了。开发商给总包付完钱之后，才可以撤销这个留置权。

与中国的情况比较一下，就会发现，美国的法律健全及其诚信环境，这是保证总包和开发商之间的有效运行的法律保障和社会保障。而中国的法律由于不是那么健全完善，没有这样的诚信环境，就容易造成乱象。比如，开发商的楼盘已经在卖了，如果明天跑了，卷走几千万元，那么总包只能自己收拾这个烂摊子。这样很多项目就会变成烂尾楼。

"美国模式"与"香港模式"

王谦在 2002 年前后所研究的这个"美国模式"，与当时中国国内房地产开发的普遍模式"香港模式"截然不同。

冯仑曾经对中国国内房地产开发的两种模式进行过概括：

目前中国国内房地产开发主要有两种模式，以卖楼花（预售）的客户融资和银行按揭融资为主的香港模式，和以市场化资本运作为主的美国模式，代表了当今国际上两种典型的地产发展模式。

所谓的"香港模式"，即储备土地、挖坑卖房、炒卖楼花，内地老牌地产公司几乎都采用香港模式。香港模式是以开发商为中心的一条纵向价值链，从买地、建造、卖房、管理都由一家开发商独立完成，房子建好后，地产公司不持有物业，直接出售。

香港模式中突出的一个特点是，房地产开发商更多依赖于银行提供资金。内地开发商普遍追求利润最大化，不愿意与旁人分享，因此乐意采用香港模式。

所谓的"美国模式"，是强调房地产开发的所有环节都应由不同的专业公司来共同完成，比如房地产投资公司只负责融资投资项目，项目开发则由专业开发公司建造，其他销售和物业等环节也由不同公司完成。在美国，融资方式除银行提供贷款外，还依靠退休基金、不动产信贷等多种金融工具等综合运用，美国大多数人都可以通过不同方式参与房地产的投资。由于全民参与化解了资金高度集中带来的危险，也容易抵御由经济周期带来的风险。

美国模式的特点是，专业分工细致，每一环节部门通过完成各自的任务获取利润，是一条横向价值链，真正的幕后主导是资本（一般就是基金），开发商、建筑商、中介商以及其他环节都属于围绕资本的价值链环节。[1]

1　转载自风马牛论坛。

然而，此时的"美国模式"，只是有人从就职的房地产开发公司拉出一支团队回头管理原公司的项目。在当时中国的法律环境恶劣和开发商以靠土地差价牟利为主要盈利模式的时代，没有人做市场化的"美国模式"。"美国模式"是靠产品、专业化管理盈利，对当时的很多本土开发商而言属于"费力不讨好"。但从像美国等先进国家房地产市场发展历史看，专业化、市场化、细分化是中国房地产行业发展的必经之路。尤其是和国际资本合作，必须采取"美国模式"。

正好是同一年，王谦带着他对房地产开发"美国模式"的理解，从麻省毕业，拿到他的第二个学位，经过一段时间摸索，正式进入了中国房地产市场。

找到自己的定位：桥梁

对于"美国模式"有了认识之后，王谦还必须解决一个问题：在这种模式面前，他所能起到的作用和他的价值是什么？

在麻省读第二个学位期间，王谦了解了美国人对中国的房地产市场犹疑观望的复杂心态，并且知道了自己在他们这种心态下所能起到的作用，也就是他的价值所在。

一方面，美国人对于正在蓬勃兴起、方兴未艾的中国房地产市场十分热衷。事实上从 20 世纪 90 年代末开始，海外资金就表现出对上海房地产业的浓厚兴趣。国内一些城市中高档住宅的回报率很高，大大高于欧美等国房地产赢利率。蓬勃发展的现状和高回报率都令海外投资者为之心动，国际投资基金也纷纷关注中国房地产的步伐。

但另一方面，这个市场又存在很多的不确定因素。他们在中国极度缺乏同时懂得基金管理和房地产管理的人才。对监管机构和潜在投资者来说，根本无从考察其专业能力、实际操作能力和职业操守。在中国的房地产基金法律不健全、房地产金融市场不发达、会计制度严重不透明和信息披露严重不对称、缺乏专业管理队伍的情况下，很多海外基金无法通过一个完整的政策框架与国内房地产市场进行有效的对接，这也会给海外基金带来不确定性。

总之，这种矛盾的心态概括起来可以说是"又爱又恨，又想又怕"。

王谦在看待美国人这个心态的时候，体现出了一种矛盾辩证法的眼光。一切事物都是在矛盾中运动发展的。正是因为他们这种又爱又恨、又想又怕的矛盾对立心态，王谦可以体现出他的价值和作用：他可以替他们正视矛盾、分析矛盾、化解矛盾，最大限度地增加和谐因素，促进和谐发展。

他说："当时发现，原来他们对于投资中国房地产有这么多的顾虑，这也是很重要的。要不然我怎么知道要如何满足他们的需求？因为了解他们的顾虑，又知道他们的需求，所以我知道我得做到什么程度，才能让美国投资人没有顾虑。我在这里，才发现自己的价值相当大。如果他只爱没恨，自己也没用；只恨不爱，也没用。"

2002 年，在拿到第二个学位回国之前，王谦已经很明确、很自觉地把自己在回国之后进入房地产行业的角色，定位为中美沟通的桥梁。

跨国合作的毕业论文

由于一直摩拳擦掌、跃跃欲试，王谦在第二个硕士学位在读期间，就中途回国了一趟，为有意进入中国房地产市场的房地产基金寻找合适的项目。

他的第二个硕士学位，学业是围绕事业中心服务的。

有意思的是，因为重心在谋事业，他的毕业论文就找了个人帮忙。

当然，他不是找了"枪手"代写论文。

论文的内容、思想、构思都是他自己的，所有数据也都是他采集的。但是他要提交的论文，所用语言是英语。可是王谦毕竟还是一个非英语国家的外国人，英语说得再好，要实现对专业学术论文的良好驾驭，也是颇费时间和精力的。

那个时候王谦要回国找项目，实在无法在美国逗留。于是，一来为了避免自己表达不清，二来为了节约时间，他只好发挥他资源整合的才能——在伯克利找了一位英语系讲师做 editor，替他做编辑，完成论文英语的修改润色工作。

他当时在中国上海，这位修改者在美国伯克利，他们隔着浩淼的太平洋，通过邮件往来，把论文修改完成了。于是，王谦顺利毕业，拿到第二个硕士学位。

这似乎是一个颇具有象征意义的事件。因为日后王谦在中美的房地产业之间的角色，也是这么一个资源整合者的角色，他的作用，就是横跨太平洋，通过良好的沟通，实现资源整合。

从 1986 年进入清华，到 1989 年从清华退学，1989 年至 1993 年就读西南路易斯安那大学建筑学本科，1993 年至 1995 年就读麻省理工学院建筑与城市规划硕士研究生，2001 年到 2002 年就读麻省理工学院房地产开发与金融硕士研究生，王谦完成了他系统的专业教育。

第二章
要接地气

　　你在这个价值链的下游的时候，你要听上游的。可我当时想做设计师，是为了能够真正地去实现我的设计的梦想。但是我终于明白，处于下游是很难实现这个梦想的。我得到上游去，我要做上游才行！

　　教育是把双刃剑，读了清华、麻省，有好有坏，好处自不必说，坏处是让我有负担，不容易斩断自己的后路。创业最需要的，首先是你有一个创业的决心，需要断后路。我第一次比较切实地体会到自己的价值所在，我就是一个桥梁，要把所谓西方的市场文化落地到中国现实的市场环境。在这个过程中，桥梁的作用是利人的，同时因为体现了自身的价值，也是利己的。

在正式踏进社会开始他的职业生涯之前，王谦已经零零星星地有了一些生意经验和社会实践。

体验"美国梦"

200 支弯头钢笔的生意经

人们把大学校园称为象牙塔，是因为象牙塔高大上，不沾染人间烟火，没有世俗气息。

但即使是在校园里，人们也需要吃喝拉撒睡以及精神上、娱乐上得到满足，于是也就有人在象牙塔里做生意。

王谦读本科的时候走上了自己的生意人道路，尽管是无意识的。

那是大学本科二年级，放暑假时，他飞到洛杉矶，帮表哥打工，画一些施工图。

去文具店里买绘图用品的时候，他发现美国的文具店里少一样东西，就是在中国很常见的弯头钢笔。

弯头钢笔不是什么高精尖的产品，只不过是传统钢笔把头弄弯了。这样的好处是，下笔能得到不一样的角度，可以画出不同粗细的速写线条。

在画钢笔画的时候，这种工具很重要。王谦找遍了洛杉矶的文具商店，都没有弯头钢笔这种东西。

王谦于是马上打电话给父亲，让父亲先买几支寄过来。

收到了之后，王谦带着弯头钢笔，直接跑去文具商店的采购部。

他操着一口非常不流利的英文问人家，这个东西你看看，喜欢吗？

文具商店那人一看，这个是很有实用性的好东西，马上说喜欢。

王谦又问，那你需要订购吗？

对方马上下订单，订 200 支弯头钢笔。

王谦一回去马上又打电话到中国家里，告诉家里怎么订货、发货。

等 200 支笔到手，王谦检查了一下，发现一个问题：90 年代中国大陆的商业才刚起步,对包装是很不重视的,这 200 支钢笔的包装用料粗糙,不上档次。

好的包装可以诱导销售,甚至买椟还珠都是可能的。王谦决定把这 200 支笔的外包装提升一下。

他于是让家里找到另外一种笔的包装盒子,是给高档景泰蓝圆珠笔用的,缎面材质。具有中国传统特色的缎面是老外特别青睐的一种设计和用料,他们肯定喜欢。

王谦于是决定移花接木,把这种包装盒子用来装弯头钢笔,要订 200 个盒子。后来因为担心质量问题,他多留了个心,特意多订了 50 支笔,50 个盒子。他要进行质量控制,万一有问题产品出现,要立即能够调换。

虽然是小生意,但他可不能让这笔生意损害自己的名声,否则后面就没有办法把招牌竖起来了。其心思缜密如此。

钢笔和包装都发齐了之后,王谦把它们凑在一起,整理了 200 支质量过关、包装完美的钢笔卖给商店,然后很快拿到了货款。

这笔生意金额不大,但是利润比例很高。中国 8 毛钱的进价,在美国脱手就是 8 块钱。

赚了钱,王谦固然高兴,但他最重视的不是自己赚了一点钱,而是生平第一次知道创业是什么样的,生意是如何开始的。看到需求,想出方法尽可能地去满足,这就够了。

他日后做其他生意,这一条经验也是万变不离其宗的。

一个中国学生的"美国梦"感受

这单小生意,也给了王谦这样一个普通的中国学生一次感受"美国梦"的机会。

每个人都是种子,潜意识里都有蓬勃的生命力,在王谦的基因里,也许就种植着生意人的本能。而他来到美国这个社会,在合适的气候、温度、湿度条件下,潜藏的本能得到了萌芽,并不断生长,培养出一种不断进取、不被条条框框束缚的精神。

尽管这只是一笔小生意,却是王谦在美国的自由市场做成的第一单赚钱买卖,并且让他切身体验到了发达商品经济社会里普通人的创业成就感。

这就是"美国梦"。

不管如何进行中美的比较，必须要承认的是，在 80 年代的美国，个体在一派欣欣向荣的社会环境下是很容易有自己的雄心和抱负的，而且这个社会也会提供各种资源去帮助一个人实现自己的抱负。

美国社会最强烈的正面影响在于它给任何人都提供平等的创造机会，或者用大陆的话来说，是发挥个人主观能动性的机会。在美国没有行业歧视。一个普通的扫地的清洁工，不管他的体力如何、脑力如何，只要他没有尸位素餐，而是兢兢业业，大家不会歧视他，而且还很尊重他，有的时候还会特意尊重他们，因为觉得他们真的不容易。所以清洁工也可以干得很开心，很有尊严，有他的追求和梦想。这不是一个人的想法，所有人都是这样，整个社会有这么一种对人的尊重。它尊重个人的价值取向，或者说个体尊严，从而达到和谐和稳定。

多年后王谦在徐州，面对自己人生中最大最严酷的商业挑战，将自己在美国生发出来的不拘一格、拼命向前的能量发挥到了极限，别人不敢做的事，他敢做，生意伙伴不敢和政府谈判找市长解决实际问题，他敢，骨子里他没有被无形的规矩束缚住，只要没违法，没违规，他觉得自己什么都敢做。

相信自己，相信好运

一幅画与美国人的"关系"

在西南路易斯安那大学读本科的时候，有一件小事，让王谦得到了一个与地产有关的政府管理部门接触的机会。

他从小有一项比较突出的艺术天赋就是善于绘画。这一点，让他在西南路易斯安那大学校园里也小有名气。

画画对于王谦不过是一种和专业相关的业余爱好，但他的作品居然能得到系主任的肯定，而且还要买他的画，他心里当然很得意。

于是他就给父亲打了个电话，本意是想炫耀一下，意思是说：系主任要买我的

画，你看，名利双收。

父亲一听，却说，既然如此，那你为什么不送一幅画给他呢？

他的画本来就没有推出去买卖，完全不在市场上流通，无所谓买卖。他于是听了父亲的话，以感谢知音赏识的一种态度，直接把画送给了系主任。

这是一幅普通的水彩画，却在瞬间拉近了王谦和系主任的关系。

他当时并没有想到，后来他会在系主任的推荐下，到了西南路易斯安州拉法耶特市规划局实习，成为第一个在那里实习的中国人。

那是 1991 年的暑假，是他给系主任送画很久之后的事了，当时他也没有刻意利用两者之间的亲近关系去寻求什么帮助。

在这件事里，王谦之所以能被系主任推荐，首先必须是因为他的成绩是很不错的，才能得到这个机会。否则关系再好，也是无济于事。

服务意识的萌芽

这是很简单的一件事，但对于有心成长的人，就能引发他的思考。

从那时候起，王谦就有一个意识。他想，为人在世，其实应该更注重其他人的需要和需求，尽力为人，助人，成全人，而不要时时刻刻只考虑自己。这样的话，反而说不定有一天，当你需要他人帮助的时候，那些慷慨的眷顾会很自然地就来到身边。

这就如同探险，探险的人在路上的驿站存储食物和水，无偿地供应给需要的人使用，有人得到这些食物和水，保全了性命，当他们再回到那些驿站时，会把更多的食物和水带回来，也许这些食物和水，也会救你自己的命。也甘愿付出；原本是无条件的付出，有时会带来意外的回馈。

在这里悟出的这个道理，后来王谦在从事中国房地产业时，把它发展成了房地产开发管理公司里的服务意识。

规划局实习见闻

1991 年，王谦在路易斯安那州拉法耶特市规划局实习。这个规划局看起来挺破烂的。在美国城市里，公建中最矮丑挫的房子，往往就是市政府。

他实习的所在是制定城市规划法规的部门，因此有机会接触到美国城市规划的程序和步骤。

他在这里发现美国的城市规划是要立法的，是十分严肃的。区划要通过地方议会立法，是有法律效力的，轻易不能更改。因为区划立法，有了规矩，新一届的政府要怎样调整都很清楚。不管换谁做市长，他必须首先要看一下这个城市审批过的规划。在这个基础上，可以做一些完善，或者调整，或者修正，但每一个完善、调整、修正，都有一个非常完善、完整的审批流程。所以，任何人不能由着自己的性子，想把这个房子颜色换一换就换，想把路拓宽一点就拓，想不让停车场开口就不开口。市长也没有这个权力。

他还发现，这种美国的城市规划立法，从行政上说，不容易滋生腐败。一个城市的领导总是要换的，但是城市定下来的发展规划方向，是确定的，而且是很详细的。比如说，几级道路一定要用什么路面有一定的规定，不可能把很贵的材料用在一个小胡同里。材料商也无法通过公关手段成为项目的供货商，因为这个法不是官员定的。这样，当然不容易滋生腐败。

中美城市开发控制机制的对比

王谦所担心的城市规划问题，究其原因，是中美两国城市开发控制机制的差异。

在 90 年代初，这一差异，还尚未引起足够的关注和研究。

在王谦结束了 1991 年这段规划局实习生的十年之后，中国同济大学城市规划系的 2001 届硕士樊润生，后来就职于上海市徐汇区城市规划管理局规划科，在"中国城市规划学会 2002 年年会"上提交了一篇论文，题目就是"中美城市开发控制机制的比较"。

文章内容与王谦当时在规划局的所见所闻所思所想，完全一致。

我们不妨摘录他这篇研究论文的部分内容，阐述一下王谦当时在规划局所亲身感受到的中美城市开发控制机制的区别：

美国和中国的城市开发控制机制的主体其实是相近的。美国的城市开发控制机制的基本方式是以区划为主体，我国是以控制性详细规划为主体。由于我国的控制性详细规划在建立之初主要借鉴了美国的区划以及其他国家城市开发控制方式的基本内容，其实二者相差不多，文本和图纸则比较相似。

美国城市开发控制机制与我国开发控制机制的不同之处主要表现在立法程序、行政程序和司法程序上。

立法程序的比较

我国城市开发控制机制的法律基础是《城市规划法》。《城市规划法》对控制性详细规划的法律地位有明确规定。《城市规划法》规定编制城市规划一般分为总体规划和详细规划，详细规划分为控制性详细规划和修建性详细规划。控制性详细规划以城市总体规划为依据，详细规定建设用地的各项开发控制指标和规划管理要求，作为城市规划管理和综合开发、土地有偿使用的依据。控制性详细规划是城市政府管理城市土地使用和开发的一种行政政策，要受到上级政府行政法律的约束，不属于城市人民代表大会批准通过的法律条令，不具有法律效力。我国城市开发控制的基本方式是以控制性详细规划为主体，它是根据城市整体经济或规划目标考虑城市整体的需求，而较少涉及个体利益问题，或并非直接反映出个体利益的得失，而更多考虑的是城市规划区内整体物质环境的改善等因素。由于控制性详细规划在城市规划法及其相关法规中有规定和编制办法，所以被大多数城市采用，作为开发控制的主要方式。控制性详细规划的编制由政府委托城市规划管理部门负责，规划设计单位承担具体业务。它的基本内容由文本、图纸组成，在总体规划的指导下进行编制。对控制性详细规划的修编也是通过规划管理部门进行，一般不需要公众听审，因此，修编时间短，容易改动。

区划作为美国城市开发控制的主要方式，是宪法规定的"政府管辖权"范围内的一种管理土地使用的法律，具有明确的法律地位，有较为完备的法律基础。在宪法规定的"政府管辖权"名义下，区划将管辖权进一步分化为对土地使用用途、地块控制要求以及建筑物控制要求等的管理权，从而形成了一整套完备的对城市开发进行控制的机制。美国作为联邦制国家，国家、州和地方分享不同程度的立法权，在美国没有国家层面的城市规划核心法案，州议会制定《州区划授权法案》，规定地方区划法规的组织结构和运行方式，地方议会作为立法机构在本市范围内具有至高无上的法律地位，市长作为城市主管往往只具有有限的行政权。因此，由议会通过的区划法在城市土地开发中具有法律效力，有效地保证了城市土地开发的确定性和分配土地经济利益的公平性。区划的编制通常是由城市规划委员会负责，规划行政管理部门协助，市长审阅同意后由市议会立法通过。区划的修改或变更通常要经过区划上诉委员会甚至市议会，程序比较复杂，需要公众听审和各种相关部门的听审，时间长，难以变更。总之，城市规划委员会和区划上诉委员会是编制和修改区划的行政机构，而地方议会是最终决定者。

目前，我国对城市开发控制机制法制化的呼声日趋强烈，但由于涉及很多社会经济因素，还需要探讨。美国各城市中区划法律比总体规划普的主要原因，也在于区划是地方立法，将城市规划和城市设计融入区划法规中，以法律的形式对城市开发活动进行控制管理，对土地经济利益的分配比较透明和公平。另外，美国各地方政府根据各州的《区划授权法案》和地方选民的要求制定符合地方选民利益的多种多样的区划法规，不仅不同州的城市的区划法规不同，而且同一个州内的城市也有不同的区划法规。我国城市的特色各有不同，东南西北差距明显，但城市开发控制机制应该在符合《城市规划法》要求的基础上体现出地方特色。

行政程序的比较

我国城市开发控制遵循的基本原则是依据行政量裁权。城市规划行政主管部门通过核发《建设项目选址意见书》《建设用地规划许可证》《建设工程规划许可证》，依法对开发建设活动实施管理和控制，以确保城市规划的意图得以贯彻和实现。我国的开发控制采用行政审批方式，控制性详细规划是开发控制的重要依据，但并不是唯一的依据，规划管理人员还可以考虑其他必要的因素，具有一定的自由量裁权。城市政府根据城市经济、土地等发展计划对城市用地进行统一管理和分配，着眼点是城市整体发展策略，即城市规划行政主管部门按照一定的

规则有弹性地审批个别开发申请。控制性详细规划只是作为开发控制的主要依据，规划部门有权在审理开发申请时，附加特定的规划条件，甚至在必要的情况下变更控制性详细规划中的某些规定。这种开发控制方式具有可变更性，有利于大规模城市开发、缩短开发周期和提高开发效率，但是缺乏约束和监督的行政量裁权会导致规划过程中利益分配不公平、规划透明度不高、开发实践与规划控制相脱节甚至行政腐败行为等现象的产生。

美国城市开发控制遵循的基本原则是依据法定财产权，这种"法定财产权"既要符合保证公众的健康、安全和福利等公共利益不受损害的"政府管辖权"，同时也必须符合美国宪法中规定的保护私人财产（包括私人拥有的土地财产）的条款。这种依据法定财产权产生的系统，就是政府花钱买入不符合规定用途的土地拥有者所有的私人土地，而不是仅仅因为合理的规划使土地拥有者出让土地或者丧失开发权。在依据法定财产权开发控制系统中，对项目的开发提供确定而严格的答案，改变法规或开发活动违反法规是十分困难的。区划法规的缺陷是欠缺灵活性，因此，在美国的开发控制实践中逐渐出现了依据行政量裁权的改良形式，其中最有代表性的是奖励区划，这种基于行政量裁权的区划改良也受到了许多人的批评，批评主要集中在自由量裁权产生的缺乏确定性和透明性的消极影响上。美国的城市开发控制机制与宪法中规定的分权制原则相统一。另外，区划具有独立性，对总体规划的依赖性不强，有些城市甚至没有总体规划。区划的审批方式属于通则式，符合区划的非重要项目不需要审查，重要开发项目需要审查，与区划不符合的要申请区划更改或重新区划等。

随着我国从计划经济体制向市场经济体制的转变，各个领域正经历着广泛而深刻的变革，依据行政量裁权的城市开发控制机制也会有所转变，如何结合依据法定财产权的原则值得探讨和大胆实践。美国的政治经济体制与我国相差甚远，依据法定财产权的开发控制机制也与我国依据行政量裁权的开发控制机制有着根本的差别，但是美国改善自身开发控制机制缺点的做法值得借鉴。即在依据法定财产权的基础上增加行政量裁权。我国城市开发控制机制需要考虑如何增加开发控制的确定性和透明性，如借鉴美国的城市开发控制实施方式，建立独立于规划管理部门的官方或非官方监督机构等。

另外，在开发控制运作过程中，美国有比较充分的公众参与程序，在重大开发项目审查、区划更改、环境影响审查以及设计审查等程序中都需要进行公众听审。有时甚至进行电视现场直播，让公众参与方式更直接，在经过公众听审后，规划委员会或其他相关委员会才能制定政策，否则将会面临法律诉讼。我国控制性详细规划的编制过程既缺乏公众参与，也缺乏相关部门、利益团体的监督，即使是有公众参与的开发控制方式采用展示成果并收回书面意见的方法让公众间接参与，也很难确保缺少发言权的弱势群体的权益。

司法程序的比较

在我国，对城市开发控制过程中的政府行为不服的可以采取上诉手段。根据国家有关法律规定，先向城市开发控制部门（城市规划管理部门）申请行政复议，如果仍不满意可以向法院申请上诉。由于执行行政复议的部门和被申请上诉的城市开发控制部门是同一部门，缺乏相应的监督机构，难以保证行政复议的有效性。因此，在城市开发控制过程中申请行政复议的实际案例很少。

美国对于区划的上诉途径主要包括两种，即相对独立的区划上委员会受理需要更改区划的行政诉讼，法庭受理法律诉讼。美国的司法系统在美国政府系统中处于很重要的地位，是美国宪法中规定的权力制衡的重要组成部分。因此独立性强，受行政的影响小。

美国采用区划上诉委员会处理行政上诉，加强对区划编制部门规划委员会的监督，这两个机构相互起到权力制衡的作用。如果上诉到法庭，法庭判决则是唯一结果。在美国许多法案的确立都是通过法庭判决生效的，区划法规也不例外。同样，法庭也可以推翻州和地方不符合宪法的法令规章。美国宪法中规定立法、行政和司法三权分立，相互之间各有权限范围和相互制约，在城市规划领域也得到了充分体现。我国的最高权力机构是全国人民代表大会，体现了民主集中制的原则，行政机构与司法机构属于立法机构下设置的平行机构，但是在实际运作中，行政机构往往权力很大，缺乏相应的监督机制，尤其是司法监督力度不够，司法机构与行政机构总是有各种各样的关联，所以，对于个体诉讼政府的行为，个体往往处于弱势地位，很难胜诉。另外，我国城市开发控制的实施同样面临着缺乏监督机制的问题，设立独立于规划管理部门的相关监督部门有利于增加开发控制程序中的透明度和公正性。

这篇论文所论述的中美两国城市开发控制机制在立法、行政、司法三方面的差异，无疑是非常大的。

王谦在美国接受的这套城市规划教育，与他多年后回国真正进入房地产行业面对的现实，令他感到"水土不服"。

以柔克刚的中国式打交道

中美两国在城市开放控制机制方面的差异，与两国的政治经济制度息息相关，绝非一篇论文所能道尽，更非一人一事所能改变。

王谦后来经过在中国房地产市场数年的摸索，才慢慢找出了一套柔和的方式来适应。

举个例子，王谦有一个安置房的项目，送给政府部门审批，已经通过了，表示政府已经认可了，但后来又得到一个政府的通知，要求他们改墙体的颜色，而且很急。

这是安置房项目，企业本身不赚钱，现在改墙体颜色，要赔更多的钱。而且这个赔钱也不是自己造成的，要企业接受，企业也是很委屈的。

但是怎么办呢？硬来，就不改，但毕竟政府这么修改也是为了城市好。所以，只能来软的，用以柔克刚的方式。

比如说：企业肯定同意改颜色，但能不能只是部分改颜色，把整个楼盘在路边的几栋都改了，里面可不可以不改？

又比如说：企业同意改，政府负责出钱。或者政府无法出钱，在其他项目上，能不能给予资源互换？

然而，这毕竟是一种权宜之计，王谦期待中国现行的城市开发控制机制在立法、行政、司法方面不断完善和提高，建立一套适合我国政治经济条件和规划体制的行之有效的城市开发控制机制。

苦难不是财富

最初的梦想：做全美国最年轻的建筑师

1995 年，王谦从麻省毕业，拿到了他的第一个硕士学位。从此，王谦正式踏上了他的职业之路。

他踌躇满志，准备大展拳脚，去实现自己的梦想。

他的梦想是什么？

王谦当时怀揣的梦想是：做全美国最年轻的建筑师！

梦想的必要条件：考注册建筑师

梦想有了：做全美国最年轻的建筑师！

问题是：如何达到他的梦想呢？

要实现这个梦想，王谦首先要考注册建筑师，拿到注册建筑师之后，才能开自己的建筑师事务所，做自己的设计。

在美国，有成千上万家建筑设计事务所（公司）。这些公司规模不等，少则一人，多则上千人。

美国实行注册人员的个人市场准入管理制度，对单位不实行准入管理，即只有经过注册并取得注册建筑师、注册工程师执业资格证书后，方可作为注册执业人员执业，并作为注册师在图纸上签字。

美国没有统一的建筑师法，50 个州和 4 个领地及华盛顿特区等 55 个地区分别制定建筑师法。美国于 1919 年成立了"全国注册建筑师委员会"（简称 NCARB），是一个非营利法人机构。它的主要职能是颁发认定证明，包括人员教育、人员实习、考题的拟定、制定样板法律由各州进行选择性执行、发放证书等工作。根据满足一定资格条件者的申请，把申请者所受的教育、训练、考试及和注册有关的内容记录或整理发给申请者，作为对各州委员会或外国注册机关的证明，说明该

人已经符合 NCARB 的认定条件。有 NCARB 证书的人必须在想要进行工作的州，向州注册委员会注册以后，才可以从事建筑师工作。

专业人员符合注册建筑师或注册工程师条件并取得全国资格证书后，即可申请注册。美国各州法律一般都规定了注册建筑师具有如下的主要权利：只有建筑师可以从事建筑业务和使用"建筑师"职业名称；建筑师可以和不是建筑师的人组成合作体共同完成业务。

美国各州都规定设计公司必须有 1 个以上的持有设计执照的人员。美国的建筑设计公司的申请人一般是公司的拥有人，或者申请人本身不是建筑师，但雇用至少 1 名建筑师来申请。有的州要求建筑设计事务所的拥有人必须全部是建筑师。

如果一个人已经申请并拿到建筑师执照，他就可以申请注册建筑师事务所。美国允许个人承接任务，成立一个公司后，即使 1 人也可以设计，承接任务范围没有限制，承接任务时需签订合同，技术文件须有注册人员签字。[1]

还在读本科的时候，王谦就注意到，美国有不少注册建筑师，但基本上都年龄偏大。

他就琢磨：为什么会这样呢？年轻就考不上吗？不管多么难的考试，只要满足了他的学历要求、经历要求，不就行了吗？

他当时之所以急于达到这个目标，是因为他有一个很单纯的想法，他觉得父母年纪大了，他要早点有出息，让他们开心。

他出国时 22 岁，本科毕业 26 岁，如果硕士研究生毕业，就是 28 岁，那时父母已经年近花甲。于是他给自己定的目标是，30 岁之前拿到注册建筑师资格证书。

走向梦想的第一步：旧金山 KMD 公司

王谦本科毕业之后就具备了考建筑师执照的资格，但这只是必要条件，不是充分条件。

美国的 NCARB 是世界上公认的最顶级的建筑师认证机构之一，要求也十分严

1　以上简介，摘录自《美国建筑师事务所及建筑市场管理制度》，转载自鑫泉留学网，http://www.xinquanedu.com/meiguo/meiguorenmenzhuanye/20111114/2937.html

格。它要求学生在它所认可的建筑学本科毕业后，还要在建筑师事务所工作 2 ~ 3 年，进行助理建筑师实践。与国内不同，这里的助理建筑师工作，同样需要申请人按照 NCARB 助理建筑师工作实践认证要求，由两名资深注册建筑师确认和推荐，完成申请手续，待拿到助理建筑师实践工作认证之后，方具备申请注册建筑师的条件。异常严格的教育和实习会淘汰大部分人，所以最后拿到资格证书、成为高薪收入者的人，都是出类拔萃的。

1995 年，王谦在麻省拿到第一个硕士学位之后，在建筑师事务所工作 2 ~ 3 年，获得助理建筑师实践经历，于是开始了他正式职业生涯的第一步，朝着设计师梦想迈进。

他万万没有想到，当理想照进现实，他立志多年实现了的这个梦想立马就被自己粉碎了。

KMD 公司

王谦就职的第一家公司是旧金山一家设计公司：KMD。

当时到麻省理工来招聘的公司不少，经过比较，王谦决定选择 KMD。

这是旧金山的一家很成熟的设计公司，规模属于中型的，薪酬也不是最好的。

王谦找工作不是以薪水作为首要标准的，他决定去 KMD，主要有两个原因：

第一，从地理位置上看，KMD 所在地旧金山离中国近。

旧金山位于加州北部海边，旧金山半岛的北角，东临旧金山湾，西临太平洋。这座曾经掀起 19 世纪美国淘金热的城市，由于早期大量的华人劳工移居在此，它的唐人街（Chinatown）是美国城市中最大的唐人街，有 120 余年的历史。

王谦出国的时候就没有想过要留在美国，从来都觉得自己应该回国的。去旧金山工作，王谦觉得无论物理距离上还是心理距离上都离中国近点儿。漂泊异乡求学和工作的人，多少都会寻求情感归属感，何况他自己还是一个传统的中国人。

第二，从公司发展方向看，KMD 提出了到中国发展的愿望。这一点，更是一下子就激发了他的热情。

于是，王谦就成了 KMD 的一名设计师。

设计竞赛专业户——收入低

王谦进了 KMD 之后才发现，KMD 的老板出身于一个很有钱的家族，他做设计公司不是为了赚钱，是为了玩。所以公司不是经济效益第一，他要去享受这种创造，或者说挑战。

老板喜欢挑战的表现之一，就是喜欢去参加各种各样的设计竞赛。他招聘来的 KMD 设计师，绝对都是名牌大学毕业生。他需要他们做竞赛。

毕业生初生牛犊不怕虎，刚毕业，有良好的专业基础；年轻，有足够的精力和激情；尚未接受条条框框的职业训练，所以未被工作经验形成的思维定式束缚。这些都恰恰是参加竞赛最合适的条件。

王谦进去之后就一直在做竞赛，成为设计竞赛专业户。

他负责的密苏里州（Missouri）州立医院的项目就赢了一场竞赛。

这个项目给公司带来很不错的社会效益和经济效益。然而对于项目负责人来说，并没有体现出很好的收益。

设计师也疯狂——工作苦

公司收入不高，王谦也渴望得到更多的行业经验，所以王谦还在公司以外，利用业余时间，兼职帮 HOK、SOM 等一些大公司做项目设计。

因为业务关系，王谦去过这些大公司。这些公司的市场拓展顾问是中国人，他们觉得他是做画图的一把好手，所以就用他。

兼职的主要工作也是做设计，他画图，给这些公司拿去做项目报告用，来拓展业务。

公司全日制的工作，还有兼职的两份工作，加在一起，王谦的时间安排得满满当当，整个工作状态和工作节奏就变得十分疯狂。

于是，节约时间这件事变得十分重要。他每天要考虑怎么节约时间。

比如，设计师经常需要打印图纸，很多时间都耗费在打印上。如果同一天有几个人需要打印图纸，就需要排队，在电脑前等文件。这样实在是太浪费时间了。

为了节约时间，他利用统筹方法来安排手头的工作。

既然白天打印图纸如此耗时，那么他就想办法避开打印机使用的高峰期。白天他不去打图，而是做自己的事；晚上公司无人，不必排队的时候，他再去打印图纸。

于是他的时间安排就变成了这样：他一般是下午6点下班，下班后，他6点半吃点东西，回到住的地方睡三四个小时，10点以前回到办公室。那时候办公室就剩他自己了，他就开始打印图纸。他从晚上10点开始工作，大概工作六七个小时，一直工作到早晨。四五点钟这个时候，他会回去洗澡，吃点东西，散散步。9点以前，准时回到公司上班。

那时候年轻，精力旺盛，他工作日每天就只花三四个小时睡觉。周六睡一整天，就能原地满血复活。

他真正在住处休息的时间很少，住处对于他的意义不大。当时他的临时栖身之所，是华人车库违章加盖的一种叫作In-law的建筑。他们把一个车库隔成两半，前面还停车，后半变成房间，给人住。虽然条件简陋，王谦却毫不在意——反正他也不会长时间待在住处，那就只是个睡觉和洗澡的临时住所。

他在KMD的整个一年都是这么过来的。虽然工作苦，但是他并不在乎。

卑微的乙方——价值链的末端

收入低、工作苦，都不是问题，真正让王谦开始动摇考注册建筑师的念头的，是他开始怀疑建筑师的工作在价值链中的地位，可能无法实现他做设计的梦想。

KMD公司之前最吸引王谦的一点是，它说要往中国发展。事实上，在KMD期间，王谦也确实帮它在北京设立了办事处。

他进公司没多久，公司就拿到了一个上海的项目。于是，王谦也被安排参与其中。

王谦在这个项目里是负责前期设计，然后提供给国内的审批部门所对应的配合单位。

那时候上海已经有很多重要的项目由国外设计了。然而中美双方的理念乃至整个系统不一样，合作起来，设计师备受折磨。

比如，很多情况都是这样，美国这边设计师按照要求提供的设计，配合单位拿到国内的规划局，规划局说这个我不喜欢，这个设计有点太古板了，改一下。作为乙方的设计公司设计师就得改，而且是反复改。

王谦在这里得到一个很重要的启示。

他想，他不要当设计师了。不单单是收入低、工作苦的问题，更重要的是，设计师不是真正能驾驭设计的人，真正说了算的是甲方。

"你在这个价值链的下游的时候，你要听上游的。可我当时想做设计师，是为了能够真正地去实现我的设计的梦想。但是我终于明白，处于下游是很难实现这个梦想的。我得到上游去，我要做上游才行！"王谦说。

理想照进现实：放弃了建筑师梦想

王谦在 KMD，仅仅工作了一年多，1996 年下半年就辞职了。

他放弃了考取注册建筑师的念头，也放弃了做全美国最年轻的建筑设计师的梦想。这是他经过深思熟虑，自己否定掉的。

尽管"美国梦"很令人振奋，但在种族歧视始终未消除的美国，王谦也总能时时处处感觉到，作为一个外国人在美国打拼，不管你有多少才能，你有什么追求，但因为是外国人，毕竟总有一个看不见的隐形"玻璃天花板"拦着你。

在 KMD 这里，理想虽然看似并非遥不可及，实际上却无法真正接近。

挖到"第一桶金"

摩托罗拉"以中国为家"的本土化策略

1996 年从 KMD 公司辞职的时候，王谦其实已经想好了后路。

他决定回国发展。

1996 年至 2000 年，他成为摩托罗拉专卖店的设计承包商。

摩托罗拉是按照不同的地域对市场进行划分。公司又按地域将中国市场分为两类：一类是经济发展较快的大城市，这些城市的居民需求共性较多；另一类是一些经济发展较慢的中小城市，这些地区往往有特殊的需求。根据这些特点，摩托罗拉开发出了不同的产品。

由于这种本土化战略，出于对终端销售渠道和终端客户信息的重视，摩托罗拉90年代大举开拓市场渠道，在全国范围铺设了大量专卖店。

20世纪最后10年到21世纪最初10年，是摩托罗拉在中国最辉煌的阶段。王谦正是在它的鼎盛时代，1996年到2000年之间，成为它的专卖店设计承包商，多快好省地赚到了他个人的第一桶金。[1]

六度空间理论

王谦成为摩托罗拉专卖店承包商的过程，是一个六度空间理论的完美案例。

六度空间理论，又称六度分隔理论（Six Degrees of Separation）、小世界理论，是美国的社会心理学家斯坦利·米尔格伦(Stanley Milgram)提出来的。

六度空间理论指出：你和任何一个陌生人之间所间隔的人不会超过六个，也就是说，最多通过六个人你就能够认识你想认识的陌生人。1967年，米尔格兰姆设计了一个连锁信件实验。他将一套连锁信件随机发送给居住在内布拉斯加州奥马哈的160个人，信中放了一个波士顿股票经纪人的名字，信中要求每个收信人将这套信寄给自己认为是比较接近那个股票经纪人的朋友，朋友收信后照此办理。最终，大部分信在经过五六个步骤后抵达了该股票经纪人。这个故事，是六度分隔理论产生的基础，米尔格伦由此提出了"六度分隔理论"。

简单地说，"六度空间"就是指在这个社会里，任何两个人之间要建立一种联系或者产生关系，无论这两个人生活在地球上任何偏僻的地方，他们之间只有六度分隔，最多需要通过六个人（不包括这两个人在内），就能够实现。

六度空间的现象，并不是说任何人与人之间的联系都必须要通过六个层次才会产生联系，而是表达了这样一个重要的概念：任何两位素不相识的人之间，通过一

---

1 《第三课以中国为家——摩托罗拉的本地化战略》，转自百度文库，http://wenku.baidu.com/view/1238614769eae009581bec30.html

定的联系方式，总能够产生必然联系或关系。

王谦在他的设计师梦想逐渐熄灭，伺机回国发展，将要遇到摩托罗拉之前，并不知道六度空间理论。但似乎冥冥之中，千丝万缕的关系早已经铺设好，只等他去开启。

王谦与摩托罗拉之间的六度空间

首先，王谦有一个清华加麻省的双料校友。1995 年毕业之后，王谦去了旧金山，这位校友在摩托罗拉总部的物管部。当时摩托罗拉在中国如日中天，手里大把的钱，他们到处在置业，设厂、建办公楼，势头甚猛。这位校友就在物管部负责管建设。

1996 年，王谦已经萌生了放弃 KMD 工作的想法，正在到处找机会回国发展，于是就找到了这位校友。

这位校友给王谦提供了一个线索：摩托罗拉不是在中国大力实施本土化战略吗，它想在全国做零售连锁的拓展，零售拓展的其中一个事情，就是要在全国建专卖店，他们需要懂建筑、懂设计的人。

这是王谦与摩托罗拉之间的第一度空间。

这位校友于是又介绍王谦认识当时在摩托罗拉大中华零售市场负责掌管门店拓展的高层。这位高层是哈佛毕业的，跟王谦的母校麻省是邻校。美国名校同学会的关系是很厉害的，而且两人的理念也非常一致，所以相谈甚欢。

因为当时摩托罗拉正在拼命追赶诺基亚，所以零售专卖店布点需要大举攻城略地。后来在 1997 年他们还花了将近半年时间做了一个商业方案，方案内容就是谋划如何让摩托罗拉在中国进入零售终端，包括作为一个传统制造商为什么要开拓渠道，如何开拓渠道，预算多少等。

总之，重点是，这两人建立起了关联。

这是第二度空间。

几番畅谈之后，这位高层就把王谦介绍给了大中华零售市场的首席零售总监。

到这里，王谦与摩托罗拉合作的事情，基本已经是板上钉钉了。

这是第三度空间。

不过，王谦与摩托罗拉的合作并非直接合作，中间还有一层关系。

摩托罗拉当时已经有一家办公家具供应商，是一位与摩托罗拉（中国）关系很好的女老板，叫 Kayhan，这家供应商在芝加哥。所以王谦得跑到芝加哥去，让这家供应商面试，成为她的员工。

面试自然问题不大。于是，1996 年下半年，王谦就回国了。

这是第四度空间。

王谦最终成为摩托罗拉的独立承包商，还是费了一点周折。

因为回国之后，王谦属于芝加哥供应商的人，等于是寄人篱下地与摩托罗拉合作，中间的汇报线太长，总隔了一个可以削减他的利润的人。

1996 年，王谦与摩托罗拉大中华零售市场部总监业务关系密切起来，于是跳开了芝加哥公司和 Kayhan，直接成为摩托罗拉的独立承包商。

这是第五度空间。

就是这样，王谦从一个与摩托罗拉毫无关系的人，经由不到六个人，跨越了不到六度间隔，成为摩托罗拉的独立承包商。

四空公司：创业之路开始

王谦的创业之路开始于 1997 年成立的四空公司。

与摩托罗拉独立合作了 1 年之后，1997 年，王谦在北京开了一家设计师事务所——四空设计师事务所。"四空"，取四大皆空之意。公司经营建筑设计、工程管理、建材贸易。

从此，王谦有了自己的设计团队。自 1995 年从麻省毕业到现在，他自己的创业才正式开始。

后来王谦在谈到这条漫长的创业之路时感慨良多。

他说："如果我有今天的想法理念，我当时根本不会费这么大劲，那么晚才创业。

教育是把双刃剑，读了清华、麻省，有好有坏，好处自不必说，坏处是让我有负担，不容易斩断自己的后路。如果当时我没有这些名牌大学的标签，一无所有，我就想创业，可能我就断了自己的后路了，或者说是别人把我的后路断了。像我当初出国的时候一样，破釜沉舟，背水一战。但是，换句话说，如果还有各种顾虑，怕没收入，怕没项目，那还是说明自己对创业要面对的东西还没有准备好，还不太了解创业需要什么。创业最需要的，不是收入，不是项目，而是首先你得有一个创业的决心，需要断后路。我其实浪费了很多时间，当然，这也是一个无法逆转的过程。"

创业经验：如何与大公司合作

尽管合作的促成在最初倚重的是人际关系，但摩托罗拉是非常成熟的纯外资企业，他们判断合作伙伴的标准，绝不仅仅是看人际关系，更重要的还是合作方的实力。

后来王谦总结了几点和大公司合作的要点。

第一，必须具备与客户相同的或者相似的理念，不管公司本身的规模多大，都应该具备随时可以跟国际化的、行业里的巨无霸品牌公司合作的能力。这一点跟企业的规模没有关系，它是企业理念和专业化的体现。

举一个例子，公司哪怕只有三个人，治理结构也要符合大公司的要求。比如，公司有规范的规章制度，公章的供管、费用的审批，都有严格规范的流程。公司必须具有现代管理理念。跟大公司接触的时候，你的专业理念、你做事情的理念甚至生活方式的理念，是要与大公司的理念匹配的，这样才能正常对话。公司人员的构成，公司的人员素质，都要具备跟大公司合作的理念和专业能力。公司还要有核心竞争力。

王谦在面对美国公司的时候，能突出他的本土优势；面对中国公司的时候，能突出他的国际背景：他是一个沟通的桥梁，这就是他的价值所在。这是四空公司能够与摩托罗拉这样的国际化公司接轨的重要原因。

第二，公司具备一套专业的或者独特的流程来迅速定位目标客户的需求，并提供专业的方案满足客户的需求，这是一个公司的核心竞争力。在业务开展之初，客户需求捕捉能力甚至比专业能力更加重要。

比如摩托罗拉提出一个大的概念需求，它要求进入零售市场，要通过直接切入零售终端（POS）拿到一手的信息，对产品的更新换代提供数据支持，就是要了解客户的需求，要提高竞争力，要节约渠道上的开支，还有加快速度周转，等等。这些需求都是概念化的。

那么，王谦的团队就要发挥自己的专业性，把他们的这些概念化的需求细化，提出可行性方案，然后专业化地去解决问题，满足他们的要求：为什么要开专卖店，专卖店的功能是什么，目的是什么，如何达到摩托罗拉的目标，怎样开专卖店，数量多少，如何保持专卖店的形象，等等。

作为摩托罗拉的承包商，四空公司提供了设计、施工管理、选址等全方位的服务。摩托罗拉只要是开专卖店，就跟四空公司联系。

为了把这一整套流程规范化，王谦让四空为这个项目提供了一整套从设计到施工管理的标准运作手册（SOP），后来那些专卖店都得有这个SOP来规范设计与施工。做这个手册的主要目的，一个是降低成本，另一个是提高实施的速度、效率，最重要的是，可以保持品牌的一致性，这是很重要的。

四空公司原本在这个领域并不具备经验，但是他想到了一个办法：参考麦当劳的SOP！他山之石可以攻玉，借鉴其他行业标杆的做法，可以使自己成为行业的标杆。

正是如此专业化的流程，使得四空公司与一向高标准、严要求的摩托罗拉能够合作顺畅。

第三，公司事无巨细，必须具备服务意识，这个服务意识首先表现在对客户服务上，也同样表现在公司内部员工之间。

比如说行政部门、财务部门，就应该对业务部门有服务意识，因为业务部门是给公司带来收入的。业务部门也要对财务部门有服务意识，因为如果没有财务部门的把关，一个公司是没有办法有效续存的。以此类推，这种服务意识细化到个人身上，能够精准地体现一个人的修养。如果在这个社会上没有随时准备为别人服务的意识，实际上一个人的格局是打不开的，他的路就是走不宽的，或者说走不远的。比如写邮件，并不是写完之后就算了，还可以追加一个微信、短信确保沟通到底。这是责任心，也是服务意识。

四空跟摩托罗拉的合作成功，也就是这三点：

第一，虽然四空公司很小，但是理念是跟摩托罗拉相投的。

第二，四空公司展示了非常强的专业能力和管理能力，可以在最短的时间内，利用小公司的灵活度和扁平化管理的特点，在第一时间为目标客户提供解决方案。最后让摩托罗拉相信，这家公司能够发挥企业规模优势，小企业有小企业的优势，让对方相信这个公司能够把对方交给自己的任务不遗余力地完成。企业的目标不仅是单一项目上的利润最大化、经济利益最大化，而是要利用每个项目营造自己的品牌，拓宽自己的渠道，能够更有效、更多地为同一企业或者不同企业提供自己的价值。

第三，公司也展示了非常强烈的服务意识。在跟摩托罗拉的接触当中，四空公司根本不吝啬在力所能及的范围内付出，哪怕最后这个生意拿不到也没有关系，至少可以赢得摩托罗拉的口碑。

这些是王谦在摩托罗拉合作多年来的经验之谈，对于处于创业初期或者较小规模的专业公司来说，可能都是有启发的。

西方市场文化与中国之间的桥梁

作为中西教育的结合体，作为中西企业交流的桥梁，王谦在创业的过程中，对中西企业的文化差异感受良多。

与摩托罗拉合作，是王谦第一次接触到中国的市场，第一次跟很多非常本土的企业合作，这些企业分布在电信、通信、地产等各个行业。在自身团队管理中，在与中国本土的企业合作的过程中，在自身的团队管理中，都有不少令王谦产生文化震撼的事件。

举个自身团队管理的例子。

王谦成为摩托罗拉的独立承包商之后，迅速在国内把自己的团队搭建起来，准备去完成摩托罗拉交付的零售店拓展业务。这个团队的成员，有的是清华的同学，也有朋友介绍的专业人才。

他们的第一家摩托罗拉旗舰店是在成都。放在成都的原因是这个城市有其特殊的地位。

首先，因为它是二线城市，战略上没有北上广深重要，万一有什么闪失，不会造成全局性的负面影响。其次，成都是中国出了名的消费型城市，消费者对时髦的、走在时代前端的东西趋之若鹜的习惯由来已久。所以在中国通信业发展初期，有成都是产品试金石的说法：成都卖得好的，其他城市不一定卖得好；成都都卖得不好的，那百分之百没戏唱。

2007年的成都通信市场正处在迅猛发展的一个阶段，它的竞争态势处于高速发展的节点上。除了摩托罗拉、诺基亚，其他品牌也正在开拓市场。把第一家旗舰店放在成都，无论是风险控制还是市场的需求都很合理；而且一开始尝试的规模还可以做得稍微小一点，从成本的考虑上也比较有它的合理性。

由于它是第一个项目，公司在整个实施过程中遇到很多在意料之中却又在意想之外的困难，所以整个项目节奏很紧张。

王谦记得开业前一天，他来到成都，以确保第二天开业能够顺利进行。其中一个主要的任务就是把店面做到可以开业的标准。

当王谦到了店里面以后，看到眼前混乱的场景，当时就脑子里一片空白，感觉离开业的标准相差甚远。

大家都知道，零售处处是细节，可是第二天就开业了，当时店面几乎所有的东西都不符合开业标准。产品陈列也没有做，场地的打扫清洁也没有做，还有很多标识都没有贴出来。

第二天开业的规格是很高的，包括美国驻成都领事馆的领事、成都市当时主管通信的副市长以及专业对口部门的一把手都会到。同时，国际的、国内的各大媒体，请来的各种演出团队，都会在第一时间出现在现场。

目前这样混乱的场面，怎么能应对如此高规格的开业仪式呢?

王谦当机立断，马上安排所有在场人员一起动手，要把需要解决的问题在一夜之间全部解决掉。

可想而知，这一夜过得是多么紧张激烈。

就在这个紧张的时期，发生了一件让王谦至今记忆犹新的事。

王谦团队中装修管理这一块的负责人，是他曾经的同班同学。开业前夕这个同学也在现场，也一样看到了那些可以导致第二天开不了业的问题，可是他的反应非常出人意料：首先，他完全没有急迫感，似乎感觉这件事和他无关；其次，当王谦布置完任务，要求大家一起动手把事情都解决之后，他仍然很悠闲地站在一边看大家干活，完全没有亲力亲为参与进来的意思。

王谦当时真的感到了震撼——在自己国家，对自己国家的人的态度感到震惊。他意识到，自己的观念已经跟自己以前的同学，或者说跟国内的理念，不一样了。

在国外，小公司创业者都是亲自参与第一线工作的，很少有人会顾及面子、地位之类的问题，有需要的时候就上，大家只是分工不同，完全不会出现有人袖手旁观的情况。

在美国求学和工作多年的他，没有想到中国本土的团队是层次非常分明的，团队的成员会把各自的地位看得很重，上下级之间会刻意拉开距离、制造分别。

要提倡团队精神和扁平化管理不是一蹴而就的事。

因为是同班同学，王谦没有拉下脸去指责他，只是以身作则，拿起扫把开始扫地。大家看在眼里之后，才自觉开始调整自己的行为方式。老总带了头，也就没有人再作壁上观了。

这一幕让王谦记忆很深，许多年后还不时提起。

再举一个与本土企业合作的例子。

王谦记得自己有一次到呼和浩特，去跟当地做得最好的移动公司谈开店的事情。他当时的工作节奏非常快，因为要在全国开很多店，最多的时候会一天飞三到四个城市，工作习惯已经形成了快节奏。他一到呼和浩特，下了飞机，已经是傍晚。他的计划就是跟对方一起吃个晚餐，吃饭的时候把事情谈好，第二天一大早就可以飞走了。

结果他完全没想到，呼和浩特是一个酒文化非常突出的地方，一到当地安排好的吃地方菜的地方，什么都还没上，几瓶高度白酒已经开好等着喝了。

大家落座，接待方非常热情，一定要让他喝酒。王谦是滴酒不沾的人，只能团团转跟大家说："对不起，我不能喝酒，不会喝酒。"

他当时去的身份算是代表摩托罗拉，基本上可以说是财神爷来了，白给他们送钱的，对方还算比较尊重，就说那"没关系，你随意"，没有强迫他喝酒。

但是紧跟着，陪王谦来的这几位就开始喝起来了，互相轮流劝酒，喝得不亦乐乎。这一顿饭下来，地上摆满了白酒瓶子，估计六七个总有了，他们每个人都酩酊大醉，王谦是唯一一个清醒的。

最后的结果就是他们把王谦安排送回酒店，说："实在抱歉，今天太开心了，我们明天再谈事吧，今天实在没办法再谈了。"

于是就造成王谦第二天一大早离开呼和浩特的计划必须要改变，可当时也没有别的办法，跟醉酒的人签不了合同，谈不成合作。

他只好耐着性子第二天起来，等他们都醒了再继续。耗费了一上午才把事情谈完，中午又是一顿饭，王谦坚持没喝酒，可还是等到下午才得以离开呼和浩特。

这件事令王谦明白，如果一个人想让自己的理念、专业发挥它的价值，让它的价值落地的话，就必须要了解、尊重当地的文化，然后才能在这个基础上去实现自己的目的。

总而言之，在与摩托罗拉合作的这个阶段，王谦深刻体会到中西方市场文化的差别，也感受到自己的价值所在。

"我第一次比较切实地体会到自己的价值所在，我就是一个桥梁，要把所谓西方的市场文化落地到中国现实的市场环境。在这个过程中，桥梁的作用是利人的，同时因为体现了自身的价值，也是利己的。"他说。

四空与摩托罗拉的合作：挖到第一桶金

四空公司与摩托罗拉合作，有几点是王谦比较满意的：

一、利润不菲。四空除了给摩托罗拉提供设计业务之外，还包括工程管理，涉及采购各方面，尽管只是做一个个小店，但是来钱快，利润高。

二、规模够大。直到合作末期，他们在全国总共做了大约 2500 家店。

三、王谦有充分的权力。

与摩托罗拉的合作，使得王谦获得了丰厚的回报，挖到了他的第一桶金。

然而，在诸多利好因素面前，2000 年，王谦却将四空公司卖给了麻省理工的同学 Wallace Chang，他是香港人，一位建筑设计师。

劫机事件

王谦将苦心经营了四年并且运营良好四空公司卖掉的第一个原因，是性格使然。

他骨子里是个艺术家，一直在追寻更具创造性的工作，而四空公司已经不能满足他的创造欲。

1996 年至 2000 年这几年，他的工作实在是太辛苦了。他有时一天需要跑三四个城市，2/3 的时间在飞机上。

1998 年，他在飞机上遭遇了一次劫机。这次劫机，如同当年遭遇车祸之后决定读麻省理工一样，成为他转变职业生涯方向的一个动因。

那是一个冬天的早晨，他乘坐早上 8 点北京飞往福州的飞机，到福州开会。

长期"空中飞人"的生活，使他养成了在飞机上睡觉的习惯。为了避免被进出的乘客打扰，他挑了一个靠窗的座位，登机后不久就梦周公去了。

在睡梦中，他被一片嘈杂的声音惊醒。

醒来抬头一看，距离自己 5 米，有一个人抱着一个空姐，手持一把弹簧刀，刀刃直抵空姐的脖子。

所有的乘客也都很惊慌，有的人在窃窃私语。

王谦这才如梦初醒：他遇到劫机了！

劫机者威胁飞机工作人员，要求把飞机开往台北。

这时候，一个机副出来跟劫机者交涉，跟他说没有问题，可以开到台北。

这个过程中，劫机者神情紧张，四处张望。

这时候飞机突然发生了一点波动，劫机者的平衡性也受到影响，站立不稳，被劫持的空姐很机智，趁机从劫机者手里挣脱出来。

就在这一瞬间，一直伺机而动的乘警和机副立马冲上去，把劫机者制伏了，还痛打了他一番。

劫机者被控制之后，紧张的乘客也稍稍松了一口气。

大家惊魂未定，就听到广播里说，飞机要迫降到南昌的一个军用机场。

这个消息，再次在乘客中引发一阵骚乱。迫降就意味着风险。

飞机工作人员要求乘客将身上所有的危险物品上交，眼镜、鞋子、手表、手机等，都收集起来，用一个塑料袋装好。

王谦从靠窗的位置往下看，只看到了一片农田。

幸好，飞机最后成功迫降在了南昌的军用机场。

所有乘客从紧急出口出去，被疏散到候机室。

防暴警察很快就把飞机包围了，要检查飞机上是否有炸弹等危险物品，并查看劫机犯有没有同伙。

航空公司安排了另一架飞机从北京飞到南昌来接乘客，继续飞往福州。到福州已经是下午了。这次"未遂"的劫机，大概由于为了避免在社会造成负面影响，所以并未在媒体上进行报道。

这次劫机，让王谦再次感受到了命运的无常。人们日常并不珍惜的日子，并非每一天都会有延续，并非明天之后还有很多的明天，而是说不定哪一天就结束了，整个人生就玩完了。面对如此无常的生命，一定要活在当下，把握今天，去做自己喜欢做的、应该做的事。

所以，经历了这次劫机，他直抵内心地去追问自己，什么才是他最喜欢、最应该做的事。在职业生涯上，他需要一个转变。

嗅到新的商机

他卖掉四空公司的第二个原因，是他嗅到了新的商机。

1996 年至 1998 年，王谦实现了他的第一次原始积累。这里除了跟摩托罗拉合作得到的丰厚回报以外，还有自己的设计业务、做贸易等赚到的资金。

这笔资金如何处置？王谦的父亲对他说："你赚了钱不要乱花，还是把它投到不动产，最好去到美国投房地产。"

从 1998 年开始到 2001 年，王谦按照父亲的要求，把当时积累的资金陆续投入美国的房地产市场。

应该说歪打正着，他获利了。

那时候王谦只是一个偏重建筑设计的专业人士，并不了解房地产市场，尤其是金融运作。但这一阶段，美国的房地产正好经历了一次非常迅速的增长，从 1998 年到 2001 年陆续进行置业，在这个过程中，利用 70% 的银行贷款杠杆，王谦的财富在不到 5 年的时间内增加了几倍。

从美国房地产市场反观当时也如火如荼的中国房地产开发市场，王谦敏感地嗅到了新的商机。

如前所述，王谦的职业生涯最初的梦想，是朝着成为一名建筑师去的，然而理想照进现实，这个建筑设计师梦想被他自己否定了。

在现实中，他回国创业，创立了自己的设计公司，并且在与摩托罗拉合作的过程中，赚到了第一桶金。

下一个梦想在哪里？这是 1996 年到 2000 年之间，王谦也在反复问自己的问题。

当时王谦有机会留在摩托罗拉，成为摩托罗拉的高管，但是他始终认为跟自己的专业和兴趣爱好有差距。他觉得还得回到本行。

但他回到本行所想扮演的角色，不再是处于价值链末端的设计师，他想要更多的主导权，要游到这个行业的上游去——进入房地产开发。

于是，这就有了我们前面提到的：为了进入房地产行业，他想利用自身连接中西的优势，把美国的资金和理念带到中国的房地产市场。2002 年，他回到麻省理工，读了他的第二个硕士学位——房地产开发与金融。

在学校读学位，是打理论基础；真金白银、真刀真枪的实践，也即将开始。

由此，王谦掀开了他与中国地产的新篇章。

第三章
我的中国房地产十年

我第一没有同流合污，第二没有丧失信心。因为我相信这个社会的发展是有规律的。这就是理想主义。

任何行业在低谷的时候，都孕育着大量的机会，可能是更多的机会。

地产业发展到今天，中国社会发展到今天，给我们这些有一定知识、有一定专业背景、有一定抱负的人，提供了很好的土壤。

中国房地产业在改革开放后萌芽，起步于 20 世纪 90 年代初，历经 1990 年至 1998 年的起步阶段、1998 年至 2003 年的提速阶段、2004 年至今的调控阶段，已走过了 25 年的历程。

王谦先耳闻，后目睹，然后亲身参与到了中国房地产行业中，在这个行业也走过了 15 年，成为这个行业波澜壮阔发展历程的见证人和实践者之一。

他的经历，是这个行业在中国发展进程中不断变化调整的一个标本、一个样板、一个缩影；他与同行的共识或者个人独特的思考和观点，颇具启发意义。

海口：与海外房地产基金的第一次亲密接触（2002 年—2004 年）

进入中国房地产业的时机

2002 年到 2003 年，在麻省理工读第二个硕士学位——房地产开发与金融的时候，王谦是雄心勃勃的。

他来读这个学位，目的很明确：他要利用自身优势，借机进入中国的房地产行业。他对回国在中国房地产行业大展拳脚，已经迫不及待，跃跃欲试。

因为，当时的中国房地产市场已经如火如荼，他对这个前景广阔的行业充满了期待。

和很多其他产业，如金融、银行、商业服务业等一样，中国房地产业的萌芽同样可以追溯到 1978 年的改革开放。

在改革开放前的计划体制下，由于我国城市实行的是单位制福利住房制度，土地及房屋产权的国有或集体性质，决定了个体不可能拥有能够自由独立拥有、处置和转让的房产，因而也就不存在真正意义上的作为商品的房地产，以及作为一种产业的房地产业。

20 世纪 80 年代以住房制度初步改革和土地制度调整为标志的房地产业的发展非常有限，中国房地产业正式的产业化发展其实是在 90 年代初。[1]

1　参照《中国房地产从起步到初兴（1992—1998 年）》，http://www.ibaogao.com/news/05091425332014.html

按时间段来划分，这 25 年的中国房地产市场大致可以划分为三个阶段：

第一个阶段是起步阶段。1990 年至 1998 年，是我国房地产业的起步阶段。这一阶段的房地产业有两个关键词：一是"无序"，二是"调控"。由于行业刚刚起步，政府的相关法律法规尚不完善，土地的出让方式以协议出让为主，只要有一张合同，即可随意转让，于是便有了许多地方"击鼓传花"倒卖土地的乱象。那个时候，开发商凭一纸土地协议即可"卖楼花"，土地款未付清卖楼款就能回收，投资回报率甚至可以高达 500% 以上——从政府、银行、开发商、媒体到消费者，整个市场主体的行为方式都是无序的。

针对这一状况，1993 年开始主掌中国经济的朱镕基副总理施以重拳，用"关水龙头"的方式，责令银行对企业的期货、股票、房地产类投资停止贷款，开始了第一轮的宏观调控。直至 1997 年 8 月中央北戴河会议，重又"将城市居民住宅的开发作为我国国民经济新的增长点"，年底的中央经济工作会议明确了这一方针，结束了接近 5 年的宏观调控。

第二个阶段是提速阶段。1998 年至 2003 年是我国房地产业的提速阶段。这一阶段也有两个关键词：一是"停止福利分房"，二是"按揭贷款"。

这两项举措使得房地产业的发展猛然提速，1998 年商品房销售面积较 1997 年实现大幅度增长，首次突破 1 亿平方米大关。之后，我国房地产业持续保持着快速的发展势头。

第三个阶段就是 2004 年至今，以"政策多，时效短"，"保障房"为关键词的调控阶段。[1]

在中国房地产业发展风云际会的前两个阶段时，王谦尚且年轻，无缘其中。但他作为相关专业的学生、建筑设计师和承包商，从专业学习、社会实践、亲友经验、职业经历等渠道，一直对房地产业耳濡目染，于是他将手头资金拿去购置房产，并且获利不菲。

---

1 《胡葆森：未来 20 年房地产行业发展的六大趋势》，《中国房地产报》，转自明源地产研究网，http://www.mydcyj.com/celebrity/2014/0617/3592.html

他已经敏感地感受到了中国城市化势不可挡的趋势，意识到中国房地产业的蓬勃发展和广阔前景，打算进入这个行业，并为此"蓄意"攻读了麻省理工的房地产开发与金融的硕士学位。

他真正开始接触房地产行业，已经是2002年。这个时候的中国房地产业正在高速发展。

麻省双硕士，你为什么要搞地产？

多年以后，依然有人问王谦：麻省双硕士，你为什么来这儿搞这种事情呢？

"来这儿"指的是中国。"这种事"，指的搞地产，略带贬义。

他们觉得，你可以去外企，去投行，去搞金融，去做私募啊，那待遇很好，一年几百万元的。很多人都会选择很稳当、很舒服的路。

"我当时生怕别人不知道我是地产商，到后来我才知道，地产商很多的时候更像一个贬义词。如果我不小心成了金领的话，那年收入几百万美金是没有问题的。其实我也想过这个事。我也问过自己：我为什么不去递个简历给摩根士丹利？但是因为性格，还有理念，我当时就选择了走这条路。我的性格就是喜欢挑战，同时，还有美国文化理念的影响。美国教育不光教会了我专业知识，更多的是给了我一些理念。算是文化洗脑也好，文化渲染也好，我接受了这种理念：读书不应该成为一种包袱。真正的快乐，其实跟你读了多少书也没关系，或者说，你读多少书，也不用去循规蹈矩地按照别人的想法去做事情。美国有句口头禅：Life is about to pursue the dream. 人生的意义在于追求梦想，生命的意义在于不断跨越，极限的突破会给有限的生命带来无限的拓展。"王谦是这么回答的。

当时，他进入房地产行业，是把它当作一种梦想在追求。

他说："任何一个社会从某一种形态往前发展的时候，都潜藏着无数机会。中国城市化进程势不可挡，从农村转向城市，这是房地产行业企业最大的机会。我想利用自己对产品、行业的认识，在这个过程中为更多进入城市的人提供房地产需求。当然，我需要赚钱，来追求一定的物质生活。但我是真的想把这个事情当作一种事

业追求。我相信中国房地产业的专业化趋势，会使房地产行业更加稳定向前发展，有利于整个行业的成熟建设。到那个时候，我希望我能够非常自豪地说'我是开发商'，而不用回避'开发商'这个字眼，不用说自己是盖房子的。"

特罗斯基金

王谦进入中国房地产市场的第一步，源于与特罗斯基金的接触。

2002 年，王谦在麻省上的房地产投资课会定期地把在这个领域做得比较好的、有特色的企业请到课堂上演讲，学生们称为案例分析。

有一次案例分析，来了一个麻省毕业的校友，他读书的时候是和王谦同一个专业的。

他是一家叫特罗斯的房地产基金管理公司的总裁。人长得高大英俊，40 岁左右，非常有哲学造诣，也非常有公益心，经常出去讲学、捐款。

他做完自己的分享之后，有一个交流的环节。

王谦问他："你们对中国投资感兴趣吗？"

对方答道："我非常感兴趣。"然后反问王谦："你有什么项目吗？"

这位来做客座讲演的嘉宾，还有特罗斯公司的副总裁等诸多高层，也都毕业于麻省，算是王谦的学长，聊起来很有共同语言。

他们相谈甚欢，交换了名片。

王谦回去一查特罗斯公司的背景，那是一对德国兄弟成立的基金管理公司，它的钱主要来自德国，帮欧洲的盛世豪门管理他们的资产，其中有一部分是在美国的资产。

当时，不少海外房地产基金都瞄准了高速发展又变幻莫测的中国房地产市场。特罗斯也是其中之一。

海外房地产基金

房地产投资基金（ Real Estate Investment Trust，REIT ），在香港译为"房地产基金"，

在我国台湾和日本则译为"不动产投资信托",是产业投资基金的一种。它以房地产业为投资对象,实行多元化投资策略,在房地产的开发、经营、销售等价值链的不同环节及在不同的房地产公司与项目中进行投资,具有筹集资金的灵活性和广泛性,具备专家经营、组合投资、分散风险、流动性高、品种多等优点。

在海外,房地产基金已经是一个发展了数十年、非常成熟的行业。政策环境、金融环境、市场环境等多方面都非常稳定,因此,操作运营方式也就形成了一套很有效而稳定的模式。同时,海外的房地产基金成立的目的都比较明确,投资政策与投资的对象都会有清楚的界定,而且范围很窄。

从投资类型来讲,一般分为:

投资在开发项目或者是开发企业——追求开发周期所带来的高风险高回报,其中包括了参与土地一级开发和项目开发,从前期开始介入。

投资在经营性的项目或者是投资、控股公司——追求相对稳定回报的租金收入。通过购买有稳定租户的成熟物业,长期持有物业收租盈利,不介入前期开发。

投资在不良的房地产资产——发行 ABS(Asset-backed Securitization),追求把不良资产处置、包装转售或打包证券化的收益,加速不良资产处置速度。通过收购不良资产,将其证券化,打包处置,变现盈利。

投资在房地产项目的抵押贷款资产——追求固定的利息收入。以房地债权投资方式来投到中国的房地产贷款方面,国内现在还没有先例。这可能是由于国内的按揭市场还有一些法律障碍。

从投资的方式来说,以第一、二种投资在开发项目和经营性项目时,基金会采取直接投资的方式,直接投在企业或者项目上。但在股权比例方面,一般来讲,基金都会依赖开发项目原来的经营者来操盘,因此,基金一般只占少数股权。而经营性项目的股权结构会比较有弹性。

从资金募集方式来说,海外房地产基金可以分为私募和上市。上市的房地产基金可以在市场上随时买进卖出,没有期限。而私募的房地产基金一般来讲年期都比

较长，平均在 8 年左右。在基金到期时就要把基金手上的所有的资产变现，把收益全部派发给投资者，基金解散。

海外房地产基金加速进军中国

2003 年 6 月中国人民银行颁布的《关于进一步加强房地产信贷业务管理的通知》(121 号文)，对房地产项目原来 10%~20% 的自有资金就能启动的要求提高到30%~40%，这对房地产企业的资金链形成了巨大的压力；同时，要求土地出让金必须在短时间内缴清，原来付了首期就能随着项目进度逐步还款的模式彻底被打破。而后，国务院发出通知，将包括房地产在内的四个行业固定资产投资项目资本金比例提高到 35% 及以上，这对于主要依靠项目贷款和期房销售回款来维持项目运作的发展商来说是一个最为严峻的考验，而这些发展商必须寻求其他资金融通方式，房地产投资基金的出现为房地产企业提供了一条全新的融资渠道。

在中国市场上的海外基金投资模式多数为：海外的投资载体进入中国带来一定的资金，合作伙伴（当地公司）出资一定比例的资金，共同成立项目公司，然后一起开发地块。进入中国的外资地产基金，其与中资企业的合作并非欧美通行的地产基金运作方式。在欧美，地产基金通常是以投资者身份参股地产项目，股份一般也不超过 30%，参股后再委托相关专业公司经营管理，因此，独立性和专业性是基金运作的主要特点和要求。进入中国后，外资基金一改不参与被投资企业的经营管理，只在被投资企业的董事会层面上控制的游戏规则，由投资者身份变成投资者兼任开发商，由参股变控股。

海外房地产基金的投资特点有：

第一，呈现阶段性特征。

第一阶段是住宅开发阶段。1998 年左右，海外房产基金进入上海乃至中国其他城市的时候，当时成熟的房产项目并不多，所以这个阶段的海外基金多以房产商的形式出现。这个阶段海外基金以控股的方式进入房地产市场，作为房产开发商，全程介入土地购买、房屋建造及销售的整个流程。典型案例是荷兰 ING 集团开发上海网球俱乐部和第一中国房地产发展集团的"澳丽花苑"项目。

第二个阶段是海外知名投资银行通过参股国内公司，参与期权、物业、营运完成的商业房地产酒店式公寓、商业物业、办公楼等。通过与国内公司的合作，海外基金可以专注于自身的投资银行业务，而把项目的日常营运交给国内的合作伙伴。国际投资银行会购买存量商品房、已完工的物业，来做长期投资。包括出租性服务式公寓、星级酒店、商业办公楼、商业物业（即 Shopping Mall）等。这个阶段的投资特点是海外基金最短持有物业 3~5 年。这期间，每年的租金给房产基金带来稳定的收入。这之后，海外基金将把物业在国内出售或卖给海外的信托基金。

第二，投资呈现地域性。

海外基金主要选择在上海、北京投资，有成功经验后选择广州、深圳，接着开始进入经济发达的二线城市，如苏州、宁波、杭州、天津、大连等。

第三，合作者选择有针对性。

目前，很多海外基金组织在中国的房地产开发市场上进行投资时，选择和国内房地产企业合作开发的模式来运作，由于房地产投资基金运作涉及金融和房地产两个主要领域，基金收益主要来自投资后的长期分红，故其发起人必须同时具备房地产实践经验和资本运营经验。而海外基金组织的优势在于资本运营经验和先进的管理模式，但他们毕竟是全球性的投资机构，这些在海外做惯了不动产投资的基金，基本没有在房地产开发方面的经验，房地产开发不是其专长，而且对本土市场不是很了解。因此，在选择合适的合作伙伴时，要注重考察合作伙伴的管理团队、土地储备、政府关系和发展前景等，一般选择和当地最有实力和发展潜力的公司合作。

第四，项目的选择。

成功的房地产投资基金的核心问题是项目的选择，投资项目的选择是基金成败的关键。把投资回报作为首要因素是产业投资基金的特色和优势。目前，海外基金的投资方向主要以高档住宅项目、酒店和写字楼，商业项目、烂尾项目改造及一些有重大影响力的项目为主。但随着其对中国市场的了解，逐步由商用物业转向住宅，

由高档物业转向中档、中高档及中低档。

第五，投资结构的选择。

目前，很多海外基金选择以房地产基金管理公司的名义进入中国，采用国际惯用的手法，即由母公司在境外募资，以项目公司操作内地开发的方式进行。投资结构主要分为三层：母公司，下设针对具体项目的控股公司，旗下有项目公司。这样的结构在于引进其他的基金或者开发商作为投资者，是让他们在控股公司这个层面参股，而不是参股母公司。这样，新的投资者不可能进入母公司，是一种很好的回避风险的方法。如果母公司下属的一个项目乱掉了，也只需把这一个项目卖掉套现，而不涉及其他的项目。

据统计数字显示，国内一些城市中高档住宅的回报率高达 30%~40%，而在欧美等国，房地产盈利率仅在 5% 左右，蓬勃发展的现状和高回报率都令海外投资者为之心动，国际投资基金也纷纷加速进军中国房地产的步伐。

海外房地产基金投资的风险

海外房地产基金投资也存在很多风险：

第一，法律体系还未完善。

当时，我国规范产业投资基金的法律法规还未正式出台，所以在当前情况下，房地产投资基金能够参照的法律法规只有《公司法》《房地产管理法》《证券投资基金管理暂行办法》等，并没有一部专门规范产业投资基金的法律，这些法律法规尚不能对海外房地产基金提供较有力的保障，很多海外基金无法通过一个完整的政策框架与国内房地产市场进行有效的对接，这也会给海外基金带来不确定性。为保证房地产基金的设立、募集、使用、收益、分配等环节能够规范运作，建立和健全相应法律法规已刻不容缓。

2002 年底，中国华融资产管理公司与摩根士丹利的不良资产交易已得到批准，2003 年对四大商业银行不良资产的证券化处理迈开中国房地产证券化的第一步。随着交易的进行，相关的法律也将逐步出台，为中国房地产证券化市场的形成奠定法律基础。

第二，房地产金融市场不发达。

长期以来，房地产开发商的融资渠道单一，主要依靠银行贷款。直到"121号文件"颁布，房地产商才积极寻求新的融资渠道。基金成立的前提是具有非常高的变现性。在我国，外汇管理、税收等制度目前还没有给基金一个合理的资金进出通道；另外，还有类似股权变更、企业清盘等程序也都不具备。因此，无论就房地产金融市场主体——资金供给方（投资者）和资金需求方（房地产开发商），还是就房地产金融市场本身来说，中国的房地产金融市场也并未发展到海外房地产基金迅速发展的成熟阶段。

第三，市场透明度不高。

房地产基金要求信息定时披露、财务高度透明，以便最大限度地保障投资人的利益。对投资者来说最重要的信息、数据必须是真实的。市场信息的透明度，将影响投资者对其投资对象市场价值的评估。目前，我们很难得到在市场上进行交易的信息，有一些本该共享的信息投资者得不到，也影响了投资的进入。

第四，缺乏专业管理队伍。

没有专业化的房地产基金管理队伍，就不可能有房地产基金的规范发展和壮大。在中国，同时懂得基金管理和房地产管理的人才极度缺乏。对监管机构和潜在投资者来说，根本无从考察其专业能力、实际操作能力和职业操守。

在中国房地产市场与国际接轨的过程中，海外房地产基金的进入是不可避免的。在国内房地产市场日益完善的情况下，海外基金呈现投资愈加成熟的阶段规律和自身特点。在目前中国的金融环境、政策体系下，海外房地产基金投资中国房地产除了要面对普遍的市场风险即开发风险外，还有许多必须考虑的因素，比如，资金的变现、退出、出境等基金风险，而不同背景的海外投资者在运作过程中也会遇到不同的问题。因此，在中国投资房地产很大程度上是一场机会与风险的较量。[1]

1　参考：南房集团，《浅析海外房地产基金在中国的发展》，《房地金融》，2007年12月，转自自百度文库 http://wenku.baidu.com/view/588a21c0bb4cf7ec4afed0bb.html

海南房地产泡沫破裂与恢复增长

当特罗斯基金方面一再提到他们对中国的市场有兴趣，王谦坐言起行的本色又发挥了出来：他马上回国，寻找值得投资的项目，尽管他的学位才念到一半。

王谦在国内寻找到的第一个项目在海口。

这并不是一个随意的选择。这跟 1992 年"击鼓传花"造成的海南房地产泡沫以及此后数年大力处置积压房政策有关。

早在 1988 年，有"海角天涯"之称的海南脱离广东独立建省，成立海南省，海南岛由一个无人问津的荒岛变成一片百万大军争相投资的热土。闯海南，淘金去，成为无数内地人的选择。

海口，这个原本人口不到 23 万、陆地面积 2304.84 平方公里的海滨小城一跃成为中国最大经济特区的省会，也成了全国各地淘金者的"理想国"。

用潘石屹的话说，1989 年他坐船去到海南时还是黑蒙蒙一片，第二天醒来，发现一夜之间，岛上已经涌进了 15 万人。

当时房地产征收土地使用费，房地产市场的起步阶段，房地产平均价格为 1350 元／平方米。随后海南房地产急速增长，销售均价不断翻倍。

1992 年年初，邓小平发表南方谈话，随后，中央向全国传达了《学习邓小平同志重要讲话的通知》，提出加快住房制度改革步伐。海南建省和特区效应也因此得到全面释放。高峰时期，这座总人数不过 655.8 万的海岛上竟然出现了 2 万多家房地产公司。

平均每 80 个人一家房地产公司，这些公司不都是为了盖房子。事实上，大部分人都在玩一个"击鼓传花"的古老游戏，他们手里传的是地皮。无数的房地产公司开始击鼓传花式地炒卖这个岛屿上的地皮和房产。开发商在银行大量贷款，甚至把仅仅是在图纸上的房子高价抵押给银行，以此收获倒卖地皮的资金。

那是一个疯狂的时代，经事的人，无论成王败寇，都认同这一判断。"十万大军下海南，各大财团抢地盘"。满大街都是各地口音的炒房炒地者，他们口中吐出一个个惊人的天文数字,数字背后却只是一块不毛之地,或是刚刚挖了个坑的"大厦"。

1992年,海南房地产正是热火朝天的时候,大家都像疯了一样炒房地产。海南"地产泡沫"最膨胀时,各地热钱纷纷流入,房价以每天200元/平方米~300元/平方米的速度上涨。

1992年,海南全省房地产投资达87亿元,占固定资产总投资的一半。这一年,海口市经济增长率高达83%,海南全省财政收入的40%来自房地产业。

1993年6月23日,当最后一群接到"花"的玩家正在紧张寻找下家时,终场哨声突然毫无征兆地吹响。

当天,国务院宣布终止房地产公司上市、全面控制银行资金进入房地产业;次日,国务院发布《关于当前经济情况和加强宏观调控意见》,十六条强力调控措施包括严格控制信贷总规模、提高存贷利率和国债利率、限期收回违章拆借资金、削减基建投资、清理所有在建项目等。银根全面紧缩,一路高歌猛进的海南房地产热顿时被釜底抽薪。

这场调控的遗产是海南留下了遍布全省的"烂尾楼",总面积达1631万平方米。其中"烂尾楼"工程的两个"重灾区"海口和三亚,分别有179宗和120宗"烂尾楼"工程。据统计,海口市烂尾楼的总建筑面积达1200多万平方米,沉淀资金149亿元。当时只有全国总人口0.6%的海南省,房地产积压量竟占全国的1/10。

开发商纷纷倒闭,老板逃离,使银行不良贷款率一夜间剧增,很多开发商以天价抵押的楼盘还没动工,已建成的抵押项目也大幅贬值。华夏证券、南方证券等一批老牌券商因为对海南地产的大笔直接投资而损失惨重。省内众多信托投资公司由于大量投资房地产而出现了严重的资金困难。1995年8月成立的海南发展银行出现近三年的挤兑风波,直到1998年6月21日被央行宣布关闭。这也是新中国成立后首家因支付危机关闭的省级商业银行。

从1999年开始,海南省用了整整7年的时间,处置积压房地产的工作才基本结束。

1999 年，海南处置"烂尾楼"工程正式开始。当年，中央政府给予了海南诸多优惠政策，如换地权益书和减免契税、营业税等。此外，中央政府还给予海南 5 亿元的财政补贴，海南省政府也免除相关税收 10 亿元。同时，海南出台了加快停缓建工程的决定。不进行处置或者没有能力进行处置的，由政府部门代为处置。同时，对已经投入续建的工程，还出台了免征、减征各种行政事业性收费的规定。一系列优惠政策，使得有实力的开发商纷纷参与到续建工程之中。

2000 年是海南房地产发展的一个重大转折点，国务院批复的《处置海南省积压房地产方案》正式实施。

此后几年，元气大伤的海南房地产也开始出现了缓慢的恢复性增长。

当时，正是鉴于这些利好消息，王谦考虑把第一个项目放在海口。

海口：第一个项目

王谦所选的项目地块，在海口的皇冠假日酒店旁边，是一块别墅用地，都规划好了。皇冠假日酒店当时已经盖好了，是海口当时最豪华、最受追捧的酒店之一。

王谦找到在海口投资建设皇冠假日酒店的开发商作为自己的中国合伙人。为什么要有当地的合作伙伴呢？首先因为王谦当时没有自己的开发团队，自然需要与熟悉当地情况的开发团队合作。其次，可以让地主留点股在里面。

作为专业人士，王谦利用自己学到的房地产投资测算的方法，把这个项目的情况测算了一番，结论是这个项目会非常赚钱。

据此，他做了一个投资方案的 PPT，介绍项目情况。

他约了特罗斯的人，给他们做报告。

这个报告包括几个方面：一是项目介绍；二是项目预期的收益分析；三是跟特罗斯合作的合作框架。

重点是合作框架。

当时对合作框架的设计是，王谦跟中国合伙人出 35% 的钱，希望特罗斯出65% 的钱，来由王谦和自己的中国合伙人来操盘。

这个框架采用的是美国的模式，因为这是跟海外基金公司合作。但资金的比例却与美国的模式有差别。如果这个项目在美国，可能王谦只需要投 1% 的钱。为什么把自己的资金投入设计到 35% 呢？因为当时的海外房地产基金对中国房地产市场有很多顾虑，那是在遥远的中国，又是政治、法律、市场环境完全不一样的地方。所以，王谦要替特罗斯做换位思考。中国方面包括王谦自己的钱投入进去，特罗斯就可以减少对风险的顾虑。投得越多，他们越安心。

这就是此前王谦对自己中西交流桥梁定位的思索的现实体现："我因为了解他们的顾虑，又知道他们的需求，所以我知道我得做到什么程度，才能让美国投资人没有顾虑。我在这里，才发现自己的价值相当之大。"

王谦跟特罗斯方面大概做了 45 分钟的报告，加上他们提问，前后没超过两小时。

结束时，他们居然说"Go ahead"，算是把这个项目立项了。

这个项目是王谦进入地产界的一块里程碑，其状态可用"初生牛犊不怕虎"来形容。

互盲的合作双方

那时候王谦麻省理工房地产开发与金融专业的硕士学位还在读，没毕业。但第三个学期的许多时间，他基本上都在中国运作项目。

那时候是 2003 年，"非典"肆虐。这一突发事件使得商务、会展、旅游观光、探亲访友及休闲购物的国内外游客骤减。

王谦当时在上海，住四季酒店，全酒店的入住率 2%，每天的房费是 99 美元。

王谦之所以冒险留在国内，是因为他不得不留在国内，去完成千头万绪的工作。一是要完善整个投资报告。二是要成立投资实体，成立公司。当时还要去完善这个项目上的必要文件，比如土地证。

由于美国人不熟悉中国的情况，中国人不熟悉美国的运作方式，作为中间的桥梁，在前期，王谦要做的事情自然是最多的。他等于是一个人撑起了整个公司的运作。

在这个过程中，他发现一个很有意思的事情：中外合作的双方，几乎是互盲的。

当时很多国外的投资人对中国真的一无所知，王谦对于如何与海外投资人合作，也毫无经验可循。

首先，当时国外投资人对中国的了解还处在摸索阶段。

王谦多次带特罗斯公司的人，包括他们公司背后的投资人来中国，干的是外事接待的事情，做地陪。

这里面，他在中国接待到的最有名的投资人，是 Feregonmo 家族的第三代，就是当时的掌门人。他也是特罗斯投资人之一。

他们到中国来并不是单纯为一个地产项目，还想到中国做帆船，把意大利所谓最顶端的帆船 Sunseeker 卖到中国来，把帆船游艇带到中国。

但他们对于如何在中国投资知道得很少，对在中国做房地产开发更是茫然无知。比如，他们会问，在中国如何将海外资金引进和撤出？他们会问如果开发商只能从政府租用土地而不是拥有所有权，那么开发商的权力是什么？等等。

王谦的主要任务是把他带到海口去看假日酒店旁边那块地。他记得很清楚，那次他是先从上海飞到海口，又从海口飞回上海，当天来回。投资人当时已经在海口，王谦先飞到海口跟他会合，后又得知他要去上海，于是又从海口跟他一起飞回上海。等于王谦去接他，顺便在海口看了一下地。

现在想想，那时候胆子够大的，但当时不觉得。当时心里满心想的就是接待了目标投资人、潜在投资人，他要把中国的情况跟他们介绍。

其次，王谦在与海外合作方面，也处于摸索阶段。

当时他所面对最棘手，也是最具有技术含量的一个问题，就是如何把投资的钱投入中国地产。

王谦也是经过摸索之后，才知道怎么把外资引进来。要把外资引进来，首先要设置一个公司，比如说在香港设一家公司，通过香港的公司在内地设一家全资子公司（Wholly Owned Foreign Enterprise, WOFE），等有了项目，这家全资子公司，就去持有这个项目的股权，就买这个项目的股权。买股权的时候就可以通过外管局申请外汇进来，进来以后就可以变成人民币，就可以买股权。

海口项目落空

2004年，前期工作做得差不多了，合作双方要做投资决定的时候也到了。

特罗斯的董事长来中国，王谦又带他去了海口。

他这次来，也见到了王谦在海口当地的合作伙伴。他的目的，首先是看到实际情况，其次是互相见面，取得信任。

那次，大家一起在海口喝得很High，玩得很High。

但是到最后，大大出乎王谦意料的是：投资人决定不投了！

这个结局是很有戏剧性的。当时所有事情都进展顺利，突然就反转了，简直不可思议。

王谦心里有种非常失落的感觉。从2003年到2004年，一年多了，一年多辛辛苦苦干一件事情，却没有得到盼望的结果。

之前在王谦看来，尽管不是百分之百满意，但特罗斯方面合作意愿很强，给了他很大的希望；从自身方面看，他付出了很大的努力，一切工作也都在有序推进，越接近成功，他内心的希望也就越大。

现在，希望都化作了失望。

他最不能接受的还不是这个结果，最让他接受不了的是，此前几乎没有太多的征兆，他一时间无法理解问题出在哪。

特罗斯方面比较客气地说了这个决定，也没有讲太多为什么不做，只是说目前对这个市场不是很有把握。

特罗斯的顾虑

后来王谦很认真地分析了特罗斯当时没有投资海口这个项目的原因，理解了他们的顾虑。

首先，投资人可能认为项目的地段不是太好。假日酒店看起来地处偏僻，周边

也没有配套，看起来是个不成熟的地块，能不能在一定时间内把房子卖掉，特罗斯是存疑的。特罗斯应该是更希望能在一个成熟的别墅区有一块地。

其次，投资人可能认为中国合伙人运营不好。他们去的时候，因为"非典"的缘故，皇冠假日酒店的入住率相当低，可能那天晚上整个酒店也就王谦和他一家人住，而且还都是老板的客人。如果靠这个酒店的团队来做后续的物业服务，特罗斯方面很自然会对其经营能力产生怀疑。

最后，国外这种成熟的投资企业，每一步都走得非常稳健，考虑得比较周全，甚至可能吹毛求疵。他们有一个尽职调查的系统，可能还发现了一些王谦当时没有发现的问题。王谦当时只关注到项目，而董事长可能更关注到了人的问题。投资公司不会盲目地、草率地做决定，或者激进地做决定。

以上三点，令特罗斯对项目的投资回报率拿不准。在拿不准的情况下，他们做了保守稳健的选择。

从现在，十年后的 2014 年反观十年前的 2004 年，王谦发现，他们的顾虑是不无道理的。

从宏观的趋势看，2004 年的中国房地产市场是很不错的，特罗斯没有投资，这个判断是错的；但从特罗斯的投资理念来看，这个判断也是合理的，他们确实由此规避了灾难性的后果。王谦当时的中国合伙人，后来因为其他项目，套了 3 个多亿资金，跑到加拿大去了。如果王谦和他与特罗斯当时真的把项目做起来，项目一定会被冻结的，因为里面有这个合伙人的股权，要倒查的。

如此想来，当时没有做，倒真是"塞翁失马，焉知非福"。

从负能量中找到正能量

项目落空，王谦的内心失落是肯定的。

但是这件事，却没有对他造成很大的打击。他总能从负能量中找到正能量。

第一，从创业的方向看，东方不亮西方亮，只要一直努力，就会抵达。海口的项目没有做成，但是王谦没有否定自己的大方向，而是继续谋求新的机遇。谈投资本身成功概率就不会高，十个有一个能做成就不错了，没有做成，必然有没有做成的主客观原因。关键是你没有放弃，总结经验教训，继续走下去。

第二，从自身的提升看，他在这件事情里学习到很多东西，以前他单是有理论，现在还有了实战经验。无论结果如何，当下一定要拼命地付出，有付出就有收获，能够不断提高自身能力。

第三，从创业的精神看，他这次比上一次回国与摩托罗拉合作相比，更有雄心了，更有勇气了，上次拿到合同才敢回来，这次敢于在一切未定的情况下回来，说明自己对自己信心更强了。

尽管与海外房地产基金的第一次亲密接触受挫，但王谦还是认准了中国房地产市场大有可为，在受挫之后更为积极地寻找下一个机会。

中凯："美国模式"的第一次中国实践（2006年—2010年）

中凯开发是王谦对"轻资产，重管理"的美国模式的第一次实践，从模式的引进、尝试、成功、挫折以及他最终退出中凯开发，我们可以很清楚地看到，这一模式在中国房地产市场的生长、适应过程。尤其是可以看到王谦如何通过他的中西沟通的桥梁作用不断融资，实现房地产企业的"轻资产"。

"代理人"需要的补课

早在与特罗斯基金接触的早期，王谦就在考虑自己如何真正进入中国的房地产业。

他设想自己作为桥梁，把海外房地产基金与中国房地产业连接起来，但当时他只是接触了桥梁的一端——海外房地产基金，对于另一端——中国房地产业，还缺乏真正的了解。

中国房地产市场，这是王谦认识的盲区，他必须补上这一课。

怎么样才能深入了解中国的房地产呢？最好的办法，就是找到一家房地产企业，

跟他们学习。

于是，2003 年，王谦找到了上海中凯企业集团。

中凯集团

2003 年，王谦在回国找项目的过程中，经朋友介绍，在一次午餐的时候，认识了房地产界的风云人物：时任上海中凯企业集团总裁的边华才。

上海中凯集团的主营业务就是房地产开发，同时也涉足能源、物业、苗木、酒店业等房地产相关产业。其经营地域从杭州先后拓展至上海、海口、郑州、南昌、重庆、长沙、安徽等省市。当时中凯集团成功植根上海，精心打造的上海市中心零坐标高端楼盘中凯城市之光获"詹天佑大奖优秀住宅小区金奖"。

边总比王谦年长 8 岁，浙江诸暨人，是国企培养出来的企业家。

他问王谦，你有什么想法？

王谦说，我的想法很简单，就是想把美国的基金带到中国来做房地产，但我自己对中国的房地产不了解。你们中凯集团在江浙一带做得很好，尤其在上海，中凯城市之光项目很有名。我希望能够有机会学习了解中国房地产开发过程，以及其中的窍门。

王谦用的是美国人的思维，直来直去，说得很实在。边华才欣然接受了他的想法。

与此同时，王谦也问对方对自己有什么需要或者要求。

边华才说，你在美国读书多年，你能不能告诉我，让我了解美国的房地产是怎么做的，怎么融资的、怎么开发的、怎么销售的、怎么服务的，也就是美国房地产的整个运作模式和流程？

王谦说，没问题。

就这样，两个人各取所需，达成协议。

为了能够方便、迅速、有效地沟通，王谦请边总把自己定位为他的总裁助理，以这个角色进入中凯集团的日常管理过程中。这个角色，可以让他有机会了解房地产开发的每个环节，从设计、融资、政府关系、拿地到销售，再到物业管理。

所以，2002 年到 2005 年，对王谦来讲，是一个非常重要的了解中国房地产行业的过程。一方面，他利用在麻省读书，进入美国的房地产金融圈；另一方面，利用跟中凯企业集团的接触，迅速了解中国房地产。

如此一来，王谦作为一个"桥梁"，他把所需的两方面的"课"都上齐了。

中凯开发成立

真正让王谦把"美国模式"落地到中国，在中国进行实践的，就是上海中凯房地产开发管理有限公司（简称"中凯开发"）。

不过，实践"美国模式"的主体，不是中凯集团，而是中凯集团入股的中凯开发。

"到 2005 年的时候，边总和我，我们俩有一个想法，就是中国的房地产一定会按照美国房地产的轨迹发展。也就是说，我们认为，房地产行业经历了高成长的趋势性增长格局之后，必然要求企业的成长主要来自行业内的分工与整合所产生的经营效率的提高，从依赖地价与房价的上涨获得高毛利，转向依赖综合开发能力的提高，完成地产到房产的转变，最终成为以房产开发为核心的加工制造业。这种大趋势带来这样一种要求，这样一种要求必然导致专业化，必然要求分工细化。那么，基于这样一种理念，我们认为，投资跟开发管理分开，是合理的。我们在这一点上，是达成共识的。基于这样一种共识，我们这时候出现了一个想法，要做一个'轻资产，重管理'型的企业。这个企业，就是中凯开发。这个轻资产公司的盈利模式就是向开发商收费。通过收费，我们提供专业的房地产开发管理服务。同时，为了实现与投资人的利益取向一致，向开发商收费通常被要求参与少量的投资，也就是承担前面讲到的 GP(General Partner) 的角色。"王谦是这样解释中凯开发成立的理念和渊源的。

上海中凯房地产开发管理有限公司在 2006 年 3 月成立，注册资本金人民币 5000 万元。股权结构上，中凯集团 45%，王谦 35%，王谦麻省理工的校友 Derick 20%。王谦作为单一大股东任总裁，边华才任董事长。

中凯开发和以往所有的地产公司都不同，它是基于"美国模式"，而不是"香

港模式"的。

如前所述，所谓的香港模式，是房地产开发的全部流程，从买地、建造、卖房、管理都由一家开发商独立完成，是一种全程开发模式。美国模式则代表了一种高度细分的专业化分工。从资金到开发、规划、设计、建设以及销售，各个环节均由高度专业化的公司分别完成。

两者最重要的区别在于，香港模式中的房地产开发商更多地依赖自身资金和银行提供的开发贷款，而美国模式中的房地产资金，更多地来源于 LP(Limited Partner)的资金，只有 15% 左右是银行资金。

在美国模式中，所谓开发商，更类似于中凯开发这样的专业化房地产开发项目管理公司，与国内当时的开发商定位截然不同。

基于"美国模式"建立起来的中凯开发，其企业定位与其他公司是不一样的。

中凯开发的企业定位之一：房地产开发管理服务商

中凯开发的企业定位，首先是房地产开发管理服务商。

它的业务重心并不在房地产开发投资，而是在管理。国内之前还没有出现过完全市场化并且具备一定规模的这种类型的房地产公司。

在中凯开发网站和所有宣传资料上都非常清楚地写着，这个公司是全程房地产开发管理服务提供商，提供的是高度专业的模块化服务，其内容包括：

项目融资

规划设计管理

工程建设管理

营销管理

从中凯开发的定位来看，它首先是一家房地产开发管理服务商。

对于很多中小开发商或者是在其他行业赚了钱之后希望投资房地产开发的投资人而言，由于他们自身不具备十分专业的房地产开发管理优势，所以，如果与中凯开发合作，其项目管理的专长很具吸引力。

2006年中凯开发成立不久，王谦与巢湖当地的力达置业有限公司董事长吕礼富一拍即合，由中凯开发为其在巢湖的第一个住宅开发项目"中凯景湖豪庭"提供专业的项目管理服务。

"其实力达公司并不缺钱，但他们是做建筑的，在房地产开发方面并没有经验，也没有专业的管理团队。"王谦所提供的服务正好是吕礼富所欠缺的。

中凯开发的企业定位之二：基金管理商

相对于第一个定位，中凯开发的第二个企业定位，是房地产风险投资及不动产投资管理商，其实就是基金管理商。

在房地产市场，谁掌握资本，谁就有话语权，谁就能制定游戏的规则。

中凯开发成立之后，与很多家房地产基金，包括此前提到的特罗斯基金等，都建立了广泛联系与合作机制。国际上多家实力投资集团也将中凯开发作为其进入中国的重要渠道。后面我们会提到一家对于中凯开发而言具有重要意义，在中国房地产业也引起广泛关注的基金：美国华平投资集团（Warburg Pincus，简称"华平"）。华平的入股，使中凯开发的优势更加明显。

在上述巢湖项目中，为了表现双方在项目上的一致利益，在中凯开发董事会做出放弃投资该项目之后，王谦个人持有项目10%股权。而如果合作方在资金方面有需求，或者公司认为是很有盈利潜力的项目，中凯开发就会通过融资手段加大持股比例。

华平入股中凯开发后，"我们不仅仅可以提供专业的房地产开发管理，而且可以为项目引进资金。只要合作方愿意，我们甚至可以占项目股份的80%以上"。王谦说。

中凯开发"美国模式"在中国实践的标本性意义

当时中凯开发这种将自身作为房地产开发管理服务商、基金管理商的企业定位，

与"轻资产，重管理"的"美国模式"已经非常接近。

这种开发理念，在国内的接受度不高。不过，对于正处于宏观调控的当口、原有开发模式面临市场挑战的房地产行业，王谦的这一尝试却非常有意义。

当时，内地房地产行业面临着国家宏观调控，关于内地房地产何去何从，当时掀起了是否应该放弃"香港模式"，选择"美国模式"的大讨论。

"香港模式"因"近水楼台"之便利，在内地房地产市场发展初期，轻松地跨过深圳，为内地广大房地产开发商所接受并模仿。万科、合生珠江、金地等目前国内数一数二的房地产开发商都是在这种模式下完成在房地产业的原始积累并实现了全国性的大规模扩张。

然而，随着房地产在内地的迅速崛起又迅速衰落，关于"香港模式"在内地的适用性再次被业内所关注。尤其是宏观调控开始后，"香港模式"大量依赖银行贷款的发展模式为社会广泛诟病，中国社会科学院工业经济研究所投资与市场研究室主任曹建海甚至将国内的开发商称为"中国最大的倒卖商、皮包商和中间商，是一种没有任何社会价值的企业模式"。

因此，中凯开发"美国模式"在中国的实践，具有标本性的意义。

王谦谈"美国模式"

2008年6月，在博鳌房地产论坛上，作为"美国模式"的积极推广者，王谦接受了观点地产网的采访，谈到了"美国模式"。

观点地产网：您一直推广所谓"美国模式"的一些管理。但是内地房地产最先起步是深圳，深圳模仿的是香港，内地其他企业又是模仿深圳的模式，可能"香港模式"在内地是被大量运用或模仿的。

王谦：我从来不强调"美国模式"或"香港模式"，实际上在美国也有过"香港模式"，只不过那更早期，你看今天的美国好像有个"美国模式"跟"香港模式"不一样，你看过去的美国、昨天的美国也曾经有过"香港模式"。

观点地产网：但是我们离香港更近，"香港模式"会不会比美国模式更容易被接受，包括在文化上是否会更容易有认同感？

王谦：不一定，今天鑫苑的张董已经被美国人接受了，他也接受了美国的运营模式。我认为中国人思想是很开放的，是容纳百川的一种民族，不是一个闭塞的民族。为什么要有上海这座城市，中国人或者说亚洲人是最先接受新鲜事物的，但由于地域等各种原因造成我们只知道有一种方式做地产就是"香港模式"，我们现在知道有美国甚至其他的方式做地产，所谓区别其实很简单，美国行业分工更加细化，比如在房地产行业美国有专门做房地产投资的、金融的，有专门做房地产开发的，房地产开发分得更细了，有专门做生产材料的、营销的、物业的，这就更细了。

在"香港模式"里，我感觉开发公司其实也是投资方，主要是投资跟开发管理这块是融为一体的，这是没有什么错的，是一种方法，这种方法首先要有很大的资本基础，像很多香港上市公司实际上 60%~70% 的股份是家族持有的，不像美国如果是创始人最后可能剩到 20% 或更少，因为理念不一样。还有美国资本市场上的金融产品很多，有机会让你利用各种金融产品迅速地膨胀，在香港是经过了家族多年的积累、一代一代的积累。

观点地产网：您认为在国内的美国开发模式到了什么程度？

王谦：我认为刚刚起步，而且现在会加速发展，我刚才说到现在行业面临的变革是你的赢利点从过去土地到了在开发产品过程中创造价值，通过政府的调控、政策导向和更加市场化的趋势，作为开发商拿地是赚不了什么钱的，不能靠今天拿地就赚钱了。那靠什么呢？可能这块土地值十个亿，你花十亿能做什么东西、我花十亿能做什么是不一样的，大家的眼光、分析不一样，看谁有本事通过打造一个适合市场、适合消费者的产品把这块土地的价值最大化。

观点地产网：您认为这种模式在国内比较容易推广吗？如果推广的话需要多长的时间？

王谦：这种东西不要推广，是行业自然发展的规律。我认为很容易被大家接受，

这东西没什么新鲜。现在任何一个开发商轻易不会自己卖房子，除非没人帮我卖才自己卖，第一想到的是让专业的营销公司帮我卖房子，包括做市场定位、怎么卖、销售方法到最后的销售计划、资金回笼计划，当然营销是在开发商的下游，现在到了开发商的阶段。我很认同鑫苑张董的理念，我们都是一样的，开发商实际上就是一个服务提供商，就是为投资者提供开发管理服务，帮投资者得到投资回报，我们得到的是开发管理回报，就是一个服务。我在企业天天跟大家说，你不要认为我们是传统开发商，我们是给人家提供服务的，要有强烈的服务意识，对上、对下都要有服务意识，我们就是服务性公司，说白了就是这么回事儿。[1]

二、三线城市初试

当时，上海、北京等一线城市的房地产市场正处于飞速发展时期，进入中国寻找投资机会的海外基金更是不胜枚举。当一线城市的房地产价格在摩根士丹利、高盛等大型海外基金的相互竞争下不断攀升时，一线城市留给中小规模基金的机会已经不多。与此同时，在一线城市的房地产投资热带动下，二、三线城市也开始蠢蠢欲动。

王谦从中嗅出了机会的味道，他说："一线城市的土地价格及房地产开发管理成本均不低，而且利润率的上升空间已非常有限。而二、三线城市的房地产市场正处于起步阶段，如果管理得好，利润率很可能高于一线城市。"

实际上，当时针对房地产市场的宏观调控政策主要针对一线城市，对二、三线城市的影响非常有限。正基于此，一些原先专注于一线城市的开发商也逐渐将目光转向二、三线城市。

于是，中凯开发的战略布局，也集中在二、三线城市。

中凯开发的第一个项目位于安徽巢湖，在不到一年的时间里，中凯开发所管理的房地产开发项目已有三个。

二、三线城市广阔天地的更多项目，正在等着他们去开拓。

1　《王谦：美国开发模式是行业发展的必然结果》，http://www.guandian.cn/article/20080618/73995.html

与华平合作：水涨船高与水落石出（2007年—2008年）

在中凯开发的发展过程中，与华平的合作，是王谦在中国房地产经历中非常关键的一环。

从2007年到2008年，成也华平，败也华平，中凯开发经历了华平引进后的水涨船高，也经历了华平撤资时的水落石出。

在这一涨一落中，王谦对中国房地产企业的发展，有了更深入的思索。

中凯开发找到华平，如虎添翼

中凯开发成立不到一年，房地产开发管理项目已经有5个，而使得中凯开发发展进入快车道的，是中凯开发引进了华平的资金。

刚进入2007年，中国房地产业界最引人注目的事件除了清算土地增值税之外，就是1月29日华平与中凯开发签署了股权合作协议。

这一事件对中国房地产开发的影响并不局限于作为美国私募基金的华平再一次投资中国的房地产。更重要的是，华平的入股使中凯开发与美国所谓的房地产开发商这一角色的定位更加接近。

这使得刚刚成立一年的中凯开发，如虎添翼。

华平

华平是一家全球领先的私募股权投资公司，总部在美国纽约。它成立于1966年，40多年来一直采取独树一帜的投资战略，与企业家和一流的管理团队合作，投资于成长型企业。

华平推动了美国私募股权行业的兴起，并且一直是全球私募股权投资业的先驱，在中国、印度、新兴欧洲国家和巴西等新兴市场经济体更是硕果累累。它和世界各地数千名企业家和管理团队建立了密切的合作伙伴关系，取得了出色的投资回报，积累了丰富的经验。

华平一直采取深入行业的投资方法，专注消费、工业和服务、能源、金融服务、

医疗保健以及技术、媒体和电信等行业。华平管理超过 400 亿美元的资产，涵盖各行各业，遍布全球各地。华平已募集了 13 只私募股权基金，在 35 个国家的 675 家企业中累计投资了 450 多亿美元。

重在管理是华平投资的核心理念。华平投资优秀的管理团队，赋之充足的资金、良好的激励机制和正确的发展策略，为公司提供多方面的协助，例如制订发展策略、策划和实施融资方案、吸引管理人才等。

华平善于通过宏观经济分析，找准市场潜力巨大的行业，耐心建设根基雄厚、长期增长并持续盈利的企业。在项目的选择上，华平看重市场和团队，敢于对单个企业投入巨资，并全力协助其发展。

基于对宏观经济大势的判断和对行业的了解，华平敢于采取与市场不同的视角，在逆境中投资，通过重组、改进、创新等方式为投资者华平的投资团队按其行业专长划分，及时把握各行业产品、服务、技术等方面的动向和市场趋势。华平投资时必须首先确定投资亮点，利用公司的经验和专业知识，制订对某一行业或细分行业的战略分析和切入方案，以及如何抓住机会投资。华平在消费、工业和服务、能源、金融服务、医疗保健、房地产，以及技术、媒体和电信等行业积累了丰富的知识和经验。寻求超常的效益。

华平在中国

华平于 1994 年进入中国，是来华最早的全球私募投资集团。

在王谦接触华平的这一年，2006 年，中国房地产集资已超过 100 亿美元。其中，有 20 亿美元将进入中国房地产市场。而且，2007 年，这种投资热情仍然继续。

这种现象不难理解。国外的基金募集了资金后需要寻找好的项目。政策是对投资形式产生影响，造成基金拥有项目方式的不同。更多的钱在追捧地产板块，一部分也是因为美国以及欧洲的地产投资已经到了峰顶，所以接下来很多钱会跑到亚洲来，亚洲的热点之一就是中国内地和香港。

同时，由于对人民币升值的预期令人振奋，也加速了资金的流入。

房地产作为一个高增长行业，大部分房地产发展商盈利增长，几乎在四成以上，但是在同样情况下，其他低增长板块还不及房地产发展商的一半。

在包括工业、快速消费品行业、交通行业在内的多个行业里面，最安全的反倒是房地产业，因为它的利润早就在买便宜土地时锁定了，未来利润是稳定的。

当时，在华平，20% 的回报率是公司在华投资的标准。虽然目前他们在印度市场的投资回报率比在中国高。但与中国不同的是，外国人在印度的投资更多的是一种投机，回报率差不多达 30%。相比而言，海外基金更看重中国市场。

当时，基金从投资项目转向投资公司，是一个"曲线战略"——在可以规避风险获取更多发展机会的同时，同样要承担双重风险：企业管理风险与房地产项目风险。

"本来想买一个蛋糕，但因为蛋糕销售受控制，最终只能请来一个蛋糕师傅。"用这个比喻来形容美国华平投资集团当时对中国地产市场的进入举动，恰如其分。

作为想要蛋糕的人，请蛋糕师傅不仅要承担蛋糕好坏的风险，还要承担对于蛋糕师傅的管理风险。

华平对于中凯开发这个"蛋糕师傅"是看好的。

中凯开发说服华平的理由

为什么华平会青睐于中凯开发呢？

因为中凯开发给华平提供了足够的理由。

2006 年 6 月，中凯开发刚成立不到 3 个月，正在大力融资的王谦决定，和华平做一次"亲密接触"。因为，华平的投资理念和擅长领域，都与中凯的需要相吻合。

王谦如何与华平建立联系，这又是一个我们前面提到的"六度空间"理论的案例。

得益于王谦在美国多年受教育的背景，以及由此建立起来的人脉资源，王谦首先找到麻省的校友、学长，当时任美国华平韩国区域总部的负责人 Thomas。这是第一度空间。

这位校友和学长，随之又把华平房地产业务的具体负责人迟森介绍给了王谦。

迟森与王谦一见如故，相谈甚欢。

从迟淼方面，王谦了解到华平在中国房地产领域的主要投资方向一直是一线城市，他们的做法是"大鳄"的典型做法：致力于开发中国的一线城市北上广深的地产市场，投资项目是做物业收购，并且和具备雄厚实力的大开发公司合作。

在中国的现状之下，一个纯粹的外国资本公司，想推行这样的模式，理所当然会遇到相当大的阻力。作为高层管理人员，迟淼对此心知肚明，而且日渐清晰地认识到，这不能是他们唯一一个放鸡蛋的筐子——他们有意往二、三线城市发展。

中凯开发公司成立后，其战略布局就是二、三线城市，业务重点是以住宅为主的房地产开发项目。双方的发展方向，可以说有很高的契合度。

王谦对迟淼说，如果我做一个商业计划书，帮助华平把项目开到中国二、三线城市房地产开发上，华平会不会有兴趣？

迟淼明确表示有兴趣。但是，有个问题：二、三线城市的地产项目，对当地的小开发商来说，一个项目，人民币几千万到个把亿的投入已经算是大的了，但在华平这里，这些投资规模还太小了，如果以单个项目来看，他们简直不想为之浪费任何注意力。

王谦提出的解决办法很简单：既然中凯开发是做一条龙管理公司的，那么不管是一个项目，还是十个项目，其实都可以用高度专业化的模块去覆盖。他提出，干脆在许多对华平资金有兴趣的项目中选出七八个资质好、市场预估好的项目，做在一个盘子里，做出一个投资规模5000万美元左右的商业计划书。

迟淼对这个提议表示赞许。

2006年5月，在中凯开发成立不到2个月的时候，这个商业计划书就基本成型了。

这是王谦迈向华平所跨越的第二度空间。

迟淼对这个商业计划书评价很高，于是推荐给他的上司——华平合伙人、亚太地区房地产投资总裁菲利普·明茨 (Philip Mintz)。

并且，王谦最终取得了明茨的信任，与华平最终达成合作。这一次的"六度空间"理论，王谦与华平之间，中间只找了这么3个人，即达成了合作。

王谦和菲利普·明茨在上海见面，共进午餐。

短暂寒暄，菲利普·明茨开始对王谦在国外的教育背景和经历表现出浓厚的兴趣，大家一拍即合，很快就进入潜在合作者的角色。

王谦花了大概 5 分钟时间介绍了商业计划书的内容，菲利普·明茨对其中关键的一些点都没有提出异议。

王谦对他说，你们在中国的一线城市项目够大，效率高。我们认为，中国的可持续市场是在刚需方面，在中国的二、三线城市。北京上海更多的是房地产的一个窗口，有很多投机的机会，波动也比较大。

菲利普·明茨也很认同这个观点，就做了投资的决定。

当时王谦跟菲利普·明茨谈到关于 2006 年中国的一线城市的房地产与二、三线地级市房地产的市场比较：

第一，是他对一线城市市场的看法。结合美国成熟的房地产市场的经验，中国的一线房地产市场是一个波动更大、影响因素更多的市场，因为在一线市场除了刚性需求以外，还有投资需求，而且往往投资需求占的比例更大。比如在上海，投资需求范围更大，来自全球的资金都会涌进上海的房地产市场，来寻求投资的机会或者投机的机会，所以造成一线市场，像北京、上海、广州、深圳等，每个项目对资金的规模要求更高，而且对专业的要求更高，对市场把握的要求更高。

第二，是他对二、三线城市市场的看法。当时的中国是二、三线地级市市场正好起步的时候，交通不便利，而且正处在大兴土木的阶段，很多城市设施还没有完成。从国外的经验来看，这类的市场才是以刚性需求为主的市场，所以，王谦希望华平考虑将它在房地产方面的投资投到中国的二、三线地级市场。

这就是王谦最主要的两点理由。

那么，为什么华平要跟中凯开发合作呢？

第一，因为华平是 2006 年的时候就已经在中国具有 12 年投资经验的外资私募资金投资机构，它希望通过专业的投资为社会消费者带来价值的同时，赚取合理的回报。

第二，因为华平机构比较小，它的人力资源少而精，需要跟人力成本更低

的中凯开发合作。华平在上海、北京做一个五六亿元人民币的案子，它花的团队精力跟到二、三线地级市做几千万的案子几乎是一样的，华平如果用自己的团队去打二、三线地级市市场，单个项目的规模效益，资金方面的规模效益不存在。它需要有一个比它的团队成本更低、对当地的市场更了解的团队来做这个事情。中凯开发担负起这个责任，华平团队只需要面对中凯开发这个窗口。中凯开发帮华平将 5000 万美元投到中国二、三线地级市的房地产市场上，可以做五到八个项目，因为在那类市场上每个项目的投资需求、资金需求并不是很大。中凯开发团队将二、三线地级市的房地产项目落地，而且一直把开发做完。这样的话，华平拿出 5000 万美元的投资，只需要面对中凯开发一个团队。也就是说，华平这边的团队效率，是通过中凯开发环节体现出来的。华平想进入二、三线地级市市场，它必须以中凯开发这样具备了二、三线地级市的开发经验，同时又具备国际化的投资理念化专业知识的人，来作为桥梁，它才能进入这个市场。

王谦把计划书和理由谈完，令他振奋的结果来了。

菲利普·明茨说得轻描淡写，说出来的话却令王谦顿时非常欣喜。

他要求王谦继续完善这一份计划书，华平不但愿意投资这些项目，而且同时提出在中凯开发占 25% 的股权。

他表示，中凯和华平合作，华平除了成为注资方，拿出不少于 3000 万美元，投入到这边选定的中国二、三线城市房地产项目上之外。更重要的一条是，华平在这些项目上不需要亲自做项目投资管理，他只需要面对中凯开发。负责在第一线管理项目的，是中凯开发的团队，王谦的团队。

中凯开发保证最低回报，保底年回报 12%~15%，综合年回报 22%~25%，保底收益，利润分成，保证投资方的利益，这种合作方式，前所未有，但在当时的情况下，如果运转良好，双方都相信会是一个双赢的局面。

一场成功的高尔夫

工作部分聊完，菲利普·明茨跟王谦又聊到了彼此的兴趣爱好。

说起来人跟人是很有缘分的，原来两个人平常都喜欢打高尔夫，菲利普·明茨是高尔夫高手，很多业余时间都会消耗在球场上。

那天的午饭结束后，菲利普·明茨似乎无意中提出，他两三个星期后会再回上海，到时候希望跟王谦再见面，一起打场球。

这场球果然在数周后开打了。他们在美兰湖见面，上午8点就开球。打了一上午，非常愉快。

两个人上午8点钟都准时到了球场，开球之后，边打球边聊。

王谦看得出菲利普·明茨的球技是非常高的，他应该有着多年的打球经验，技术非常纯熟。双方打得很轻松，彼此势均力敌。

在这期间，王谦注意到菲利普·明茨也在一直观察自己打球。打一场高尔夫球，两个人四个小时都在一起，细心体察的话，可以把一个人的个性、品性、素养都看得很清楚。

比如说，菲利普·明茨看到王谦有一个球打到沙坑里的时候，他在观察王谦是不是很耐心地把这个球打出来，有没有急躁。王谦非常沉得住气，一次打不出来还有第二次，完全没有任何不耐烦的表现。菲利普·明茨在旁边也不讲话，只是默默地看着。球打出来以后，他很礼貌地鼓掌。那时候两个人并不是很熟，所以在这个过程中王谦也看到菲利普·明茨是非常绅士的一个投资管理者。

两个人打球，速度比较快，前面有四个人，打得比较慢。王谦记得，前面的人虽然比较慢，但自己和菲利普·明茨都没有表现出很急躁、不耐烦的这种情绪，不像有些国内打球的人，他们一看到前面慢，就要求球童到前面催人家，让人家快一点。两个人非常有耐心地等待前面的人把球打完。

面对这种不是很理想的节奏，两个人还是能够控制住自己的情绪，能够表现出很绅士的一面，说明在性格上和素质上都比较合拍。

那天天气也很好，菲利普·明茨在等候的时候，干脆躺在草坪上，说："好不容易在上海能有机会放松一下。"

在这种轻松的氛围中，两个人顺便也聊一下天，包括菲利普·明茨在美国纽约的经历，以及王谦在美国波士顿的经历等。

有着共同语言的人很快就加深了彼此的了解。

在接下来的运动中，菲利普·明茨表现出很高的球技，打出好球的时候，王谦会及时为他鼓掌，表示赞赏。王谦自然也把自己的高尔夫技术发挥得淋漓尽致，获得菲利普·明茨不少掌声。总之这场球打得非常开心，双方也都进一步了解了彼此。

在运动中能体现出人很多本质的东西。王谦说，其实运动对一个人是非常重要的，在生活中是很重要的环节。高尔夫球是一个了解人的过程，也是一个了解自己的过程，因为在球场上如何能够控制好自己的情绪、控制好自己的节奏，其实跟在生活中或者工作中、做事业的过程中有异曲同工之妙。实际上打球关键不在于球技，打球的愉快是来自于对自己的一种情绪的控制，对整个节奏的控制过程。每个人打球的方式都可以不一样，但是如果由于外界的干扰无法控制好自己的情绪，导致整个节奏被打乱，那么你的球技再高也是没有办法打出好球或者打出愉快的球。这是王谦对高尔夫球的一点感悟，也是从打高尔夫球上领悟出的关于管理做事的一些道理。

打完球之后，王谦问菲利普·明茨要去哪里开会，可以安排车送他。结果菲利普·明茨说："我没有安排任何会议，这次来上海主要就是为了跟你打球的。"

这些年，高尔夫球已经成为高端的商界社交的主流形式之一，从王谦的经验来说，这是非常有道理的。打球的过程单纯，彼此的沟通可以深入。一个人的球品如人品，4个小时，高尔夫要打很多杆，会遇到很多意想不到的情况，很容易看到一个人对自己情绪的控制能力、应急能力，包括对球友打出球的反应，球场上的互助精神。在这4小时中，菲利普·明茨通过一杆一杆的打球过程，认为他了解了王谦的为人，以及做事的方式方法。

原来，他来上海，是专门冲着了解一个人来的。

中凯与华平展开合作

不管从何种意义上来说，这场球都打得非常成功。

从那以后，中凯开发和华平的合作就全面展开了。

2006 年年底，中凯开发和华平签约，2007 年年初，他们的资金到位。

华平入股中凯开发，通过增资扩股形式持有后者 25% 的股份后，华平承诺：提供不少于 3000 万美元用于该公司投资和管理的房地产开发项目。这是华平在中国首次直接入股房地产管理公司的地产投资领域。

尽管与华平投资入股富力地产、绿城中国甚至北京的阳光 100 及融科置地的资金规模相比，华平投资在中凯开发的投资规模并不大，但通过这些投资，华平投资进入了内地众多的二、三线城市的房地产市场。

2007 年拿到华平基金的投资之后，中凯加快了发展速度，截至 2010 年 11 月，在国内 9 个二、三线城市成功开发项目超过 11 个，这些城市四面开花，包括高邮、登封、南昌、西安、扬州、徐州、巢湖、郑州、灌南等。

顺利发展，谋求上市

2007 年，中凯开发发展一切顺利。

当时，王谦志得意满，事业可谓风生水起。

在 2008 年 6 月的博鳌房地产论坛上，因成功在纽约交易所上市的国内开发商鑫苑置业董事长张勇遇见王谦。

聊了不到三句，张勇就直入主题："把你们公司卖给我们吧。"

王谦颇有些得意。当时，在国内，鑫苑置业与中凯开发的模式是最为接近的。鑫苑置业"不囤地"、"零库存"以及"快开发"的模式，将利润的焦点集中于项目的开发过程，这与中凯开发致力于房地产项目的开发管理有诸多相似之处。

但两者的区别亦非常明显，鑫苑置业仍未摆脱国内传统的房地产开发模式，即拿地——开发——销售，而中凯开发则省去了拿地的过程，仅负责项目的开发管理及销售，因此两者在资金的需求上已不是一个重量级。

当时，除了华平，还有国内的私募基金也找上了中凯开发。国顺投资通过中凯开发入股了 5 个房地产开发项目，与此同时，有包括来自美国及加拿大等在内的境外基金已开始与中凯开发进行接洽，希望通过中凯开发实现在大陆投资房地产的目标。

所有的基金进入行业，都需要找一个专业团队来实现资金进入——生产制造——实现回报这三个步骤。

"如果资金所有者进入房地产行业的目的是为了投资，那么他们就需要我们。"王谦说。

与以往不同的是，由于当时内地房地产市场面临的政策风险，私募基金要求的回报已较之前有所提高，普遍要求的内部收益率已高达 25%。这也是中凯开发比较大的压力之一。

王谦坦承，当时与中凯开发合作的开发商，要么是缺钱的，看中的是中凯开发手里的私募基金渠道，具有融资的价值；要么就是遭遇资金瓶颈和管理瓶颈的开发商。当时，中凯开发管理的项目中，大多数都是华平投资参与的项目。

中凯开发所做的，虽然是项目的开发管理，但实质上，主要还不是开发，而是管理，尤其是项目的资金管理。

当时，开发建设贷款确实很难拿，银行对项目的规模都有明确要求，贷款额度及放款速度企业都难以掌握，所以需要预备更多的时间，项目的现金流安排可能也需要做出相应安排。

用王谦的话说，中凯开发的作用在于，利用一切可能的方式、手段去解决项目的资金问题，实现股东价值的最大化。而且这些项目中凯开发都会有 10% 以下的参股比例，以保证对项目的重大决策留有否决权，在一定程度上对项目有所控制。

中凯开发管理的每个项目基本管理费按项目土地成本及建安成本之和的 4% 收取，另外，管理奖金则按境外基金盛行的"瀑布式"利润分成方式参与项目的利润分成。

从已完成的开发管理项目看，管理奖金与基本管理费基本能达到 1:1 的比例，即公司利润率达 50%。

2006 年至 2008 年确实是中国房地产难得的高速膨胀的三年。在一切都在顺利发展的时候，王谦觉得发展速度太慢了。

在那个时候，包括王谦自己在内，都觉得 2007 年拿到外资，经过 3 年以后应该就可以成功上市。

中国有句老话，人算不如天算，就在一切都看似尽在掌握、前途光明美好的时候，平地一声惊雷——金融危机来了。

遭遇金融危机

2007 年年初，中凯开发引进华平基金的时候，并没有预料到，已经危机四伏。就在第二年，美国金融危机爆发，然后迅速蔓延，波及全世界，中国也未能幸免。

2008 年，美联储连续十几次加息，房地产市场降温，评级机构调低次贷衍生品评级，投行抛售次贷，次贷危机开始集中爆发。尤其是 2008 年 9 月，三大美国投行的倒下以及保险等金融机构资本结构迅速恶化，引发全面金融危机。

金融危机爆发的主要原因包括：一是长期低利率水平埋下隐患。为了应对科技股泡沫破裂引起的经济下滑，2001 年至 2003 年美联储连续降息，最低降至 1%。长期的低利率激发了房地产价格飙升，住房按揭的次级贷款衍生类产品获得快速发展。二是监管缺位导致风险扩散。以投资银行为代表的金融机构通过纷繁复杂的分拆打包，掩饰各种衍生金融产品中的风险，不仅扩大了对不良贷款的需求，而且将不良贷款传递给更多的投资者。三是高杠杆交易放大次贷。实际上，美国次贷仅占美国整个房地产贷款的 14.1%，在 1.1 万亿~1.2 万亿元，这样的次贷规模并不足以导致一场牵动全局的金融危机。主要是资产证券化过程中的杠杆交易，造成了次贷规模的逐级成倍放大。

金融危机爆发的根本因素是，世界经济供求模式的不可持续性。当今世界经济结构是美国的过度消费和发展中国家的过度供给，美国消费是全球经济发展的强力引擎。由于美国的居民储蓄是负数，消费支撑主要是金融资产和房地产增值，这也就意味着美国的金融和房地产要不断地吹起泡沫，来支撑过度消费。但泡沫总是有限度的，这也决定金融危机的爆发有内在的必然性。

金融危机对中国房地产业的影响

这场金融危机，严重影响到我国房地产业，对房地产企业生产要素、房地产企业需求条件、房地产企业相关产业、房地产企业战略与经营以及政府对房地产企业的举措等方面都有较大影响。

单就房地产企业生产要素而言，金融危机带来的影响有：

一是土地资源情况。金融危机发生前，国家统计局的数据显示，全国 70 个大中城市土地交易价格上涨较快，多次出现楼面地价达到甚至超过周边商品房价的现象。金融危机发生后，投放市场的土地急剧减少，拍卖价格快速下降，甚至有流标现象。

二是投资额。房地产项目投资较大，回收期长，承受金融风险较大。尽管以前房地产企业的高额利润吸引了大量投资，但金融危机发生后，房屋价格出现大幅度下滑，使投资者对房地产失去信心，不断撤离房地产业。资金问题是房地产企业面临的最严峻问题之一，房地产企业普遍资金紧张，不少房地产企业的资金链发生断裂。

三是人力资源。在我国拥有庞大的劳动力资源，金融危机爆发的背景下，社会失业增加，劳动力更加丰富。但是，我国房地产企业一般劳动力过剩，项目综合管理人员、项目策划人员、资本运作人员、高级专业技术人员短缺，特别是中小房地产企业在吸引人才方面困难重重，缺乏人才，竞争优势不强。金融危机会使弱势房地产企业现有的人才也可能流出，强势房地产企业则迎来吸纳人才的好时机。[1]

危机来临，房地产业左支右绌，拆东墙补西墙的情况很多。比如，扬州高邮中凯城市之光项目的工程总承包商，因为在其他项目上收不到工程款，就将中凯开发在2008年年底支付的200万元工程款擅自挪用了，导致在项目上的农民工在2009年1月拿不到工资，近200人在春节前到高邮县政府静坐。王谦不得已，又追加支付了200万元工程款，才得以平安过年。

华平要求撤资

对于中凯开发而言，这场危机带来的影响，首要的就是对资金的影响。

金融危机首当其冲的美国境遇惨淡，华平的大本营就在美国，所遇到的冲击不言而喻。

这种情况下，2008年11月，华平总部做出决策，要求在华的华平投资机构将资金都调度回美，以拯救美国已经陷入困境的房地产市场。

在2008年年底之前，中凯开发管理的一系列项目正进行到紧要关头，资金一旦抽调离场，后果不堪设想。这几年的心血就要付诸东流。

2008年在沉重的氛围中结束。2009年1月底，旧历春节期间，王谦带着高龄的父母和妻儿，不远万里举家到夏威夷度假。在悠闲惬意的海滩上，活力四射的滑板健儿和热烈起舞的草裙女郎营造出世外桃源般的度假气氛，可是在他的心里，却依然乌云密布。

当时看来，这场危机已对我国经济产生了较大的影响，但考虑到我国的储蓄率非常高，在经济下行时可以刺激需求，有很大的回旋余地，外需下滑不至于造成根本性打击。但如果金融危机进一步加大对世界实体经济的破坏力度，我国经济也将会受到巨大的冲击。在金融危机导致国内外经济放缓的背景下，政府已经在2008年9月开始就采取了措施，央行连续下调准备金和降息，11月，又出台了"四万亿"，但对于一家面临撤资的企业而言，依然前途未卜。

---

[1] 《金融危机房地产企业应对策略研究论文》，http://www.gwyoo.com/lunwen/jinronglunwen/fdchjrlw/201010/399931.html

当时王谦做好了最坏的打算，而且也准备去迎接最坏的可能。他已经做好准备接受全盘失败的结果，甚至为从头再来做了心理准备。

4万亿

没有料到，世事峰回路转的速度，会如此之快。

就在王谦在夏威夷志忑不安，不甘放弃又不得不做放弃的准备的时候，中凯和华平的困境，以及王谦自己的困境，就在那一年的旧历春节假期结束之前，以一种外界完全预测不到的方式解决了。

正如王谦所期盼的，"4万亿"出台，给他们化解了一次灭顶之灾。

在国际金融危机日趋严峻的背景下，为抵御国际经济环境对中国的不利影响，2008年11月5日中国国务院总理温家宝于主持召开的中国国务院常务会议提出，在2008年11月9日星期日晚间对外公布，实行积极的财政政策和适度宽松的货币政策，在今后两年多时间内安排4万亿元资金强力启动内需，并出台了十项措施。

中央政府承担11800亿元，其他近3万亿元：第一，支持地方政府能够积极地筹措他们应该承担的资金，具体的办法就是中央财政代地方财政今年发行2000亿元的国债，也就是中央发债以后，打入到地方的预算、地方的赤字，作为地方的配套资金。第二，发放一部分政策性的贷款，作为特殊情况下的特殊政策，国家发改委、财政部、人民银行和银监会商量了一个具体的办法，发放一些期限比较长，利率比较低的政策性贷款，作为项目资本金。第三，扩大地方企业债券的发行。有一些，譬如说道路、电力改造，它将来还有一定的收益，因此，对于暂时缺少配套资金的项目，利用地方的融资平台，增加企业债券的发行，来解决配套资金不足的问题。

中国政府"4万亿"甫一出，震撼了全球。这是当年美国1680亿美元经济刺激方案的3.5倍。

中国摇摇欲坠的经济，在一年内转向复苏。

人们一下子对经济又有了信心，对消费又有了信心，房子又开始卖起来了，所有的项目都从停顿到继续卖，不但卖得动，而且越卖越好，至少在中国大陆如此。

华平撤资的要求没有变化，但对王谦来说这已经不是问题。

地方的投资商看到市场变好，对华平的撤出都持欢迎的态度，以免在最后利润分成时，把到嘴的肥肉分给华平。

没有费太大的力气，王谦完成了华平在大陆所有项目的撤资。

与华平关系的升华

在华平撤资的过程中，有一件事令王谦与华平的关系从单纯的利益合作转入到更深层次的互相信任。

当时华平占中凯开发 25% 的股权，他们在撤资时提出了年回报 15% 的希望。这对外资来说是一个非常合理的回报，并不是太高。

王谦把这个条件提交给了中凯开发的董事会。

董事会当时认为，中凯开发还没有赢利很多，觉得华平的条件太高，所以不同意 15% 的回报。

王谦认为，华平是自己引进的，而且华平在中凯开发的发展中起到了决定性的作用，作为 GP，当然要确保 LP 的基本回报。

王谦希望中凯开发能够满足华平退出的回报要求，哪怕是以牺牲自己的利益为代价。

之前他们的股东合作协议里的约定是，华平退出的时候，王谦个人作为股东是可以要求跟退的，回报跟华平是一样的，都是 15%。

当然，王谦知道这个就更难实现。他主动提出来，让华平先退出，自己放弃跟退的权力。而且，如果其他股东认为给华平的回报还是太高的话，他愿意用自己在中凯开发的投入来弥补其他股东的要求。

于是，董事会终于同意华平以他们要求的 15% 的年回报条件退出，但要求王谦还留在中凯开发。

这件事，当时王谦是没有跟华平讲的。直到他们的退出协议签订之后，华平才知道，王谦没有去行使他的权力。

王谦自己的投资，直到2014年才真正实现了退出。他的年回报不到6%，也就说，他在中凯开发的投资是一个失败的投资。当然，在中凯开发的这段经历，对王谦来说本身就是一笔巨大的财富。

华平的执行董事曾对王谦说，他们合作了这么多企业，见到了这么多老板，但是很少遇到像王谦这样，在利益面前能够首先保证合作伙伴的利益，甚至是以牺牲自己的利益为代价来保证合作伙伴的利益的。

这件事，使得王谦与华平的关系得到了升华，奠定了后来王谦跟华平更深合作的基础。

金融危机冲击下的战略机会

中凯开发幸运地躲过了一劫，劫后重生。惊魂甫定，立马对战略机会进行了分析。

金融危机使中国房地产企业的发展机会减少，衰退机会增加，但是，与危机相随的往往是发展的机遇。

一是发展将更加理性。房地产企业在这轮经济调整中已经大伤元气，整体恢复元气需要时间。经历过这一次惨痛教训，不管是开发商还是购房者，应该都会变得更加理性，理性的房地产企业有望就此走向正常的发展轨道，为下一轮房地产景气周期奠定基础。

二是发展机遇逐渐显露。政府出台系列经济刺激计划，积极的货币政策大幅降低了购房者的贷款成本，多次降息后，5年以上的实际贷款利率已经不足5%(有银行的7折优惠)；税收优惠政策能长期刺激投机、投资需求；处在低位的房价，对刚性需求的吸入效应十分明显，很大程度上刺激了普通百姓购房的刚性需求，对投资需求也有明显的刺激作用。此外，中国是人口众多的发展中国家，工业化、城市化进程不会停止，尽管房屋的价格还会有所波动，但长期来看，中国房地产企业的发展具有广阔前景。

三是企业整合发展的良机出现。金融动荡进一步加快了中国房地产业整合，一些弱势房地产企业已退出市场，这对资金实力雄厚的房地产企业，无疑是加速发展的良好机遇。比如，万科在金融危机面前，敢于降价，目的是使房地产业加快重新洗牌的速度，获得兼并收购的资源整合机会。

四是加速转型升级。房地产企业转型升级难，原因在于粗放增长的获益空间尚存，特别是金融危机前，房价高、暴利厚。此次金融危机的冲击，将迫使我国房地产企业加快转型升级，依靠自主创新提高核心竞争力，提高抗危机和抗风险的能力。

五是房地产企业开发成本下降。金融危机发生后，地块拍卖价格快速下降，建材价格快速下降，贷款利率快速下降，这些有利因素都将促进房地产开发成本降低，有利于企业发展。

在这个行业大洗牌的时候，王谦开始了反思。

痛定思痛：核心竞争力在哪里？

痛定思痛，王谦开始了对中凯开发从成立之初到遭遇危机，再到劫后重生的反思。

从中凯开发成立的 2006 年到 2008 年，确实是中国房地产高歌猛进的三年，每个房地产商都确实有一种被时代浪潮推着走的感觉。在这种激进的状态中，很容易忽略企业本质的一些东西，比如一个企业的核心竞争力。

王谦开始反思中凯开发的种种弊端。

中凯开发是王谦为了能够进入地产市场的一个资源组合的过程。

这个资源组合的第一步，是王谦跟中凯企业集团合作，以便能够具备国内房地产品牌的开发管理的经验，并成立中凯开发。第二步，利用中凯开发，跟海外的资本实现有效的对接。在 2007 年年初，华平资金到位，仅仅是完成了这个资源组合。

作为一个开发企业，中凯开发具备了品牌，具备了经验，又具备了雄厚的外资，应该说是一个非常完美的组合了。

但是实际上，这仅仅是一个开始，就像一出戏的开头。

这种组合，表面上看是非常有效的，可以使王谦作为一个个人，在一夜之间戴上了中凯品牌的帽子，手里拿着海外的资金，很容易去承包项目。再加上市场在急速地发展，当时赚钱是件非常容易的事情。

但是，当危机来临，潮水退去时，水落石出，谁在裸泳是无法掩饰的。

一个企业真正的核心竞争力在于这个行业的专业知识，在于对这个行业的了解、经验的把握。

王谦说："现在回头想，当时中凯开发自身是存在很多问题的。"

第一，从团队方面看，中凯开发的团队，是一个在短时间内组起来的团队，并没有协同作战、同甘苦共患难的经历。而且它是中西文化碰撞的团队，实际上需要非常艰苦的打造历程才有机会在这个市场上独占鳌头。

第二，从自己作为管理者的方面看，自己当时的时间也都是用了与合作伙伴谈项目上面，与华平的人谈资金，与中凯集团的老板一起去看项目、去各地考察，没有把精力放在最需要打造的练内功上面，团队的打造、团队的加强没有得到充分的重视。

企业也是有生命的，这个弱点其实是一个潜在的隐患。到 2008 年金融危机的时候，当整个市场迅速走向低迷，就会看出，只有企业具备强大的核心竞争力，它的团队具备协同作战、抵御市场风险能力的企业才能够生存下来，渡过难关。

中凯开发从 2007 年初华平资金到位，到 2008 年的时候，已经在七八个城市做着大大小小十个项目。可以想象，战线拉得这么长，在没有一个坚实的、经过数年在一起共同打拼的团队支撑的情况下，是非常危险的事情。而且项目所在的城市已经包括了高邮、登封、南昌、西安、扬州、徐州、巢湖、郑州等各个地点，真的是四面开花了。

中凯开发的模式完全是依靠市场推动的，2008 年前的繁荣市场，令一切模式看起来都有其可取之处，不管是土法子上马，还是锐意与国际接轨，市场的高点给大多数投身其中的人都带来了良好前景和丰厚回报。

但 2008 年金融危机的有惊无险，是一个鲜明的教训。虽然通过政策躲过了一场灭顶之灾，但是如果没有 4 万亿呢？如果市场就是一场残酷角斗，这个公司的核心竞争力在哪里？

企业要不断培养投资价值，必须完成一个关键性的转变：从依赖土地溢价、资金扩张与成本控制转向产品溢价和打造行业品牌。

从战略发展的需要，王谦决定，继续做中凯开发，也要调整一下公司的发展思路，要更加踏实地去做项目，缩小规模，缩短战线，尽快建立自己的品牌和竞争能力，以面对下一次的低谷。

股东的战略分歧

但王谦的想法并不代表所有股东的想法，王谦与中凯集团的股东产生了分歧。

中凯集团认为，形势一片大好，还是应该大刀阔斧地往前跑。

第一，他们不处在第一线执行层面，对于中凯开发存在的问题，可能认识不足。

第二，他们身在掌握大量资源的国有企业，可以靠集团的支持，没钱了可以通过集团担保。

第三，公司到这个时候已经进入赢利期，已经管着将近 10 个项目，要缩小规模，缩短战线，等于让他们放弃到口的肥肉，这是很难割舍的。所以，作为股东之一，他们从自己的角度出发，有权利要求这样跑。

由于股东背景的区别，就出现了战略上的差异。

从公司发展角度来讲，当时管理上的瓶颈也就是王谦个人的瓶颈，已经相当明显了。

从个人角度，王谦开始考虑个人何去何从。但从公司的角度，他还是考虑先尝试除了离开以外的其他办法。

内耗

于是，王谦主动要求中凯集团安排一些合格的管理人才进入公司，执掌第一线的管理。

他认为，自己和中凯企业集团合作的主要价值并不是管理一个具体的公司日常运营，他们对自己的价值，也不是开一个公司给自己管。

然而，王谦让集团提供人才团队这种美好的愿望没有真正实现，在实际操作中，却因为种种矛盾，形成了公司的内耗。

首先，从观念上说，集团过来的人跟王谦的管理理念、文化背景完全不一样，有着各种冲突。

王谦是海归，学习的又主要是美国房地产的理念。集团派过来的人基本上都是本土经验，对王谦的美国房地产理念不是特别了解，而且之前一帆风顺的经验，也让他们认为，自己的做法是正确的、最有价值的。

其次，从管理上看，公司管理上出现多头管理。

集团派过来的人可以直接跟中凯集团的董事长汇报，凡事觉得自己的想法应该坚持而没有得到体现，就会直接汇报。集团派过来的人，对王谦管理方式不认可，就会有各方面的冲突。

王谦是坚守董事会管理，任何重要决定由董事会做出，不搞向集团汇报这一套。在管理架构上，大家的意识就不一样。比如，有些信息直接就到集团这事，他倒不担心别人知道什么，但是担心的是别人知道得不全面，断章取义。

于是，中凯开发开始出现内耗的迹象。

何去何从

2009 年中，王谦面临一个抉择：是留在中凯开发，想办法把中凯开发做下去、做好，还是自己离开中凯开发？

在抉择之前，他试图跟中凯集团对产生冲突的问题进行探讨。

他提议，要不然就把你派过来的人换一个？

王谦不拒绝集团派人过来，因为这是对公司好，但是，他希望能换一个合适的人过来，至少在观念上没有那么冲突，公司事务管理中也不会产生掣肘。

中凯集团也确实换过其他人过来，但换过几次，到最后，王谦发现，这不是人的问题，是体制的问题。

他打了个比方，成立中凯开发这个公司，就像生了一个孩子，是自己跟中凯集团生的。当初，中凯集团让自己来养，因为中凯集团不知道这个孩子能活多好。当不确定这个孩子能活多好的时候，没人理他，等大家看到这个孩子白白胖胖了，很有前途，中凯集团又想拿回去养。中凯集团开始觉得，王谦再往下养不太合适了。

根本的原因在这里，而不是换人的问题。

这个时候，他必须做个抉择：要么不允许对方派人，要么自己走掉。

最后，王谦选择的是，自己退一步。一山不容二虎，这时候，王谦觉得他应该知趣。毕竟这"孩子"叫"中凯"呀。

这是很难的，毕竟王谦跟中凯开发有很深的感情。可是从理性考虑方面来说，从股东的利益来讲，既然是这个情况，自己应该懂得这个规矩。

于是，2010 年 10 月，王谦辞去总裁职务，当董事长，不再管理日常业务。

圆桌培训

2009 年春节前，在经历了公司的大起大落和个人的去从选择之后，王谦参加了一次对他而言十分有意义的培训，一个圆桌培训。

圆桌教育培训课程的第一阶段是"改变的力量"，这个课程打开人的觉察力，探讨如何能够洞见因果，努力改变自我，创造更好的结果，同时如何管好进出，把人生在世这一生一死到一呼一吸间的进出，均能妥善安排，完成自我的管理。最后，这一阶段的目标在于创造人我关系变好的空间；通过把爱传出去理念的认同，人终于知道自己的使命，一生用来完成传爱的任务。

第二阶段的课程是"效率影响力"，旨在让一己改变的力量成为一股强大自我要求的信心，从而能持之以恒，永不退转。

第三阶段是成功致富课程，告诉我们让自己能够创造自己的有余净土，让生命得以充分发展，并且更进一步在人间完成自己的使命。

第四阶段的课程，则是最终人可以自行上路，面对人生的风浪、生活的无常，均可以圆满自持，在积极与健康的生活中，完成愿景。

这个培训，是把西方的宗教、中国的宗教信仰结合起来，用一种非常深入浅出的方式来告诉学员应该如何面对挫折，如何面对顺利，如何面对感情，如何让自己在这个社会上以快乐的方式贡献自己的价值。

这在当时，给了王谦很大的启发。这个跟王谦所学的专业没有关系，跟他所从事的行业也没有关系，但是它对他今后为企业发展过程中的战略制定、企业转型等，带来了巨大的潜移默化的作用。

宝盛："美国模式"的第二次中国实践（2011 年至今）

作为"轻资产，重管理"的"美国模式"的积极倡导者，王谦在中国房地产市场执着地对"美国模式"进行实践。

中凯开发是他的第一次实践，宝盛开发是他的第二次实践。

如果说在中凯开发，王谦的中心工作偏重在"轻资产"一面；那么在宝盛开发，我们可以更多地看到实行"美国模式"的中国房地产企业在"重管理"方面的实践，它的生根、它的水土不服、它的困境、它的自我调节，可以在房地产企业的专业化方面，得到一些正反两面的经验教训。

作为"美国模式"的引进者和积极倡导者，王谦的探索实践依然在路上。

徐州：大有可为

会到徐州去做项目，后来成立宝盛开发公司，王谦事后想起来，感觉冥冥之中像是有一种微妙的推动力，让他一步一步向那个素昧平生的地方前行。

他最初与徐州结缘是 2007 年，当时他是中凯开发的总裁。

王谦对徐州的房地产市场十分看好。

第一，徐州的地理位置很特殊。它位于苏鲁豫皖四省交界，是江苏省第二大城市，华东重要门户城市，淮海经济区的中心城市。

第二，徐州的经济地位很重要。它是国务院定位的拥有地方立法权的特大型区域中心城市，中国经济30强城市，是最具潜力的二线城市之一。徐州市的行政级别虽为地级市，但经济实力已经超越了部分省会城市。在中凯开发进入徐州之后的2008年，徐州在中国社会科学院公布的内地城市综合竞争力排名中名列第33位。在中国煤矿城市转型过程中，徐州的可持续发展能力居第一位。

第三，徐州的发展历史很有特色。它是江苏唯一的一座以煤炭工业为重要产业特色的资源型城市，其煤炭储量占整个江苏的90%。在国家有关部门确立的63座煤炭城市中，绝大多数系缘矿而建，即所谓的"以矿兴市"，而徐州是极少数几座"先城后矿"的煤矿城市。

徐州的城市发展历史，最大的特点就是依托煤炭，最大的问题也是依托煤炭。进入21世纪，徐州面临"20年后无矿可采"的问题，为了避免"矿竭城衰"，徐州市开始考虑可持续发展战略，通过培育煤炭工业的接续产业，通过产业转型实现城市的整体转型。在江苏沿海开发战略实施过程中，为实现老工业基地振兴转型与可持续发展，加快苏北振兴步伐，培育新的经济增长点，推动全省区域经济协调发展，江苏省出台关于加快振兴徐州老工业基地的意见。

徐州的城市发展与转型，对于淮海经济区的发展以及苏、鲁、豫、皖四省交界广大地区的经济发展和社会进步，乃至推动全国资源型城市发展转型都有重要意义。[1]

第四，徐州人口众多，而且具有购买力。徐州市是江苏省的人口大市，更是江苏省的劳动力资源大市，户籍人口960多万，常住人口800多万。

王谦认为，徐州的可持续发展战略与城市转型，会带来很大的发展潜力，最重

---

1 参考薛毅：《试论煤炭工业对徐州城市发展的历史作用和影响》，《江苏师范大学学报（哲学社会科学版）》，2013年1月，转自百度文库，http://wenku.baidu.com/view/22fe4f970c22590103029d56.html

要的是，徐州这个城市的房地产市场发展一直滞后，但是呈平稳上升的态势。

这，意味着房地产商大有可为。

徐州的地产商

当时，在徐州最重要的品牌地产商是绿地。王谦印象最深的是另外一家被政府列入黑名单的开发商。

这家开发商其实是不错的，但为什么会被放入黑名单呢？

因为当初这家开发商要来徐州发展的时候，他们带徐州的领导看的是上海、北京这些地方的成功案例，但到徐州以后，他们在徐州的项目非常失败。他们太追逐利益了，比如，他们认为某个项目可以卖 5000 元 / 平方米，他们就把利润倒算，算出一个成本，按照这个成本下去做，结果把产品质量降低了。这就给政府的领导造成一个巨大的落差，上了政府的黑名单。

王谦当时就想，自己一定不会犯这种急功近利、自毁长城的错误。

徐州中凯城市之光

王谦进入徐州源于徐州中凯城市之光项目。

2007 年下半年，王谦经上海的一位好友介绍，开始与徐州的开发商、温州人陈定华谈合作。

当时这个项目叫温州商贸城，从 2002 年开始到 2007 年，资金链就快断了，处于停工状态，项目急需资金 1.08 亿元人民币。温州人的生意是典型的以小博大，一旦有波动就无法承受。当时，中凯开发是作为资金投入方来解决他的燃眉之急，让陈定华这个项目起死回生。

王谦与陈定华谈合作，华平出资 90%，9720 万元人民币，中凯开发出资10%，1080 万元人民币，负责项目的开发管理。项目改为中凯城市之光。

合作双方经过一轮又一轮的商务谈判，终于在 2008 年春节前完成合作协议的签署。2008 年，资金到位。

这个项目属于旧城改造项目，开发面积 14.5 万平方米，以住宅为主。2007 年预测项目住宅部分的销售均价为人民币 3600 元／平方米，2009 年的开盘价为人民币 4200 元／平方米，很快卖到人民币 4800 元／平方米。到 2012 年，最好位置的沿街底层商铺卖到人民币 55000 元／平方米。

徐州城市之光项目做得非常成功。

从进入徐州到找到合作伙伴，再到获取市场的第一手资料，徐州城市之光项目的成功，是后来王谦决定做中凯城市之光旁边的新淮海西路改造项目的关键。

与市长结识

城市之光项目的成功，除了商业成功之外，还有一个很重要的意义是，王谦与徐州市市长结识了。

中凯开发开始管理城市之光项目后做的第一件事情，是对现有的规划设计进行调整，其中的一项重大修改，就是将项目中一座 30 多层的酒店式公寓的平面进行调整。原有的平面是橄榄球形状，虽然外观很好看，但室内的平面布局非常不合理。通过专业讨论，王谦的团队决定保留沿街的曲线，不影响城市景观，而将面对小区的一面的曲线改为 90 度角的折线。

新的方案出来后，合作方表示很满意，但同时提出，类似的重大设计修改，必须经徐州市长同意。

为了节约时间，避免不必要的翻工，王谦接受了陈定华的建议，在正式向徐州市规划局报送项目设计方案修改之前，先让市长审阅修改方案。

可王谦根本不认识市长，怎么办？六度空间理论在这里再次得到有效应用。

于是经过朋友的介绍，王谦联系上了市长。大约两周后，王谦在南京第一次见到了市长。

简单介绍之后，市长开门见山地问王谦："你们找我有什么事？"

王谦将项目的修改方案和理由向市长做了简要的汇报，并强调这样的修改，将会在对城市形象负责任的前提下，使得平面布局更符合消费者使用的要求。

完全出乎王谦的意料，市长很爽快地认可了修改方案！同时，他希望王谦为徐州的城市化建设引入更多的外资。

市长开门见山、精明干练的领导风范，给王谦留下了深刻的印象。

与陈定华的合作伙伴关系

2009 年 1 月，华平为了将部分海外地产投资撤回美国挽救由于次贷危机造成的损失，要求中凯开发设法将在项目上的投资提前收回。

这对王谦来说是一项艰巨的任务。任何一个房地产开发项目都是靠项目的销售实现资金回笼的，在如此短的时间内和项目的当地合作伙伴谈资金的提前退出，实在是一件头痛的事。加上 2008 年下半年的世界金融海啸对中国房地产的迎头一棒，令当时的王谦一筹莫展。

但人算不如天算，中国政府在 2009 年春节期间 4 万亿的一剂强心针，使得国内的开发商重振雄风。2009 年 2 月开始，房地产销售迅速全面回暖。

这使得王谦和项目上的国内合作伙伴谈华平投资提前退出变得易如反掌。

他在很短的时间内顺利地同包括陈定华在内的每一位国内合作伙伴达成一致意见。

华平实现了提前退出，得到了预期回报；国内合作伙伴实现了在项目上的利润最大化；王谦在华平和国内合作伙伴那里树立了良好的商业信誉。总体上，实现了多赢的局面。华平的资金在 2011 年 3 月 100% 退出了徐州中凯城市之光项目。

通过城市之光项目，王谦和陈定华加深了彼此之间的相互了解。

沁水湾

在陈定华的支持下，2010 年年初，王谦打算以新的"宝盛"品牌进入徐州房地产市场。在"宝盛"正式成立前，为了让徐州市政府或者是同行认可宝盛团队，王谦选择了做徐州大龙湖边上的沁水湾商业地产项目。

这个项目的特点是什么？短、平、快，效果很容易出来，因为它只有 6 万多平方米，而且都是两层楼，又在风景秀丽的大龙湖畔，地理位置显著，对王谦来讲这是既操作简单又容易出彩的项目。但是，同时它要求的质量很高，可以充分显示团队的专业开发理念和水平。而且，这个项目肯定赚不到很多钱，它是跟政府合作的，是政府在新城区的商业配套项目。

那么，为什么做这个项目呢？因为它给王谦带来的价值，是远远大于可以用金钱衡量的。

王谦做了这个项目，在最短的时间内，用非常实在的方式回答了一个问题：我们是谁，宝盛是谁。

这个问题，他们回答得非常成功，不是 100 分，也至少是 95 分。

顶着巨大的压力，王谦坚持把这个项目做到极致，借这个项目来回答社会上的一些非议，证明公司的品位和经验会为这个项目带来的价值是其他人带不来的。

通过这个项目，公司向徐州房地产市场回答了宝盛是谁；同时，王谦也向徐州房地产业回答了，王谦是谁。

后来，徐州市市长带了十几个各个部门局级的领导来视察项目，看了体验中心，问了一下成本。

最后，他说了两句话：一句是，"这成本不高啊，比我想象的低啊"；第二句，"这是目前徐州品位最高的开发项目"。

就这两句话，王谦感到自己为此努力了近 2 年的时间，耗费了大量心血都值得了。他这个定论，奠定了后来王谦在徐州房地产市场做其他项目的基础。

新淮海西路旧城改造项目

在启动沁水湾项目的同时，王谦和陈定华积极推进市长推荐的新淮海西路旧城改造项目。

徐州市政府为什么要搞新淮海西路旧城改造这个项目呢？

据徐州市泉山区原段庄拆迁办负责人徐鹏介绍，从徐州市的历史背景上看，徐州市是一个老工业区。比如，与淮海西路交叉的有一条路，叫矿山路，这条路上就

全是矿山、基建。整个徐州很多国有企业和集体企业，在经济发展的过程当中，随着老工业区的改制，企业大部分转型、倒闭，或者是兼并了。对于过去的工业区、棚户区的改造，成了当地政府的重要工作。

2009年，徐州市政府印发了《徐州市棚户区改造实施方案》，明确要抓住省委、省政府振兴徐州老工业基地的重大机遇，加快徐州棚户区改造步伐，着力改善城市低收入家庭的居住条件，同时把棚户区改造与推动城市发展、城市转型相结合，与土地资源整合相结合，与完善城市功能、提高城市综合竞争力相结合，与改善城市生态环境相结合，与改善民生、民计相结合，举全市之力，打一场棚户区改造的攻坚战，促使徐州老工业基地焕发出新的生机与活力，推动全市经济社会和谐发展。

文件提出了徐州市在棚户区拆迁、改造上的总体目标是：在2010年年底前基本完成全市307万平方米棚户区拆迁任务；利用3年时间完成400万平方米左右的棚户区改造安置房建设任务。

其中，淮海路是徐州贯穿东西的城市主干道，新淮海西路的修建需要对段庄棚户区进行改造，是改造工作的重点区域之一。

政府的困难和解决办法：资金困难，市场化运作

棚户区改造工程，对地方政府而言，最大的困难是资金。尽管国家在土地政策上、在资金上都给予了扶持，但地方政府的压力还是很大。随着徐州老工业区改造的进度加快，政府在投资上有很大的难度。

而且，这个项目体量很大，有上百万平方米，需要的资金也比较多。地方政府拿不出来。

那么，怎么解决资金困难呢？

当时采取的是"政府主导，市场运作"的原则。

"政府主导"就是说，市政府将棚户区改造工程纳入每年的市城建重点工程，统筹组织实施，政府有关部门负责棚户区改造的政策制定、项目确定、规划编制、

检查指导、具体拆迁等工作。

其中最关键的是"市场运作"，也就是说，棚户区改造实行市场化运作，将棚户区改造与房地产综合开发、经济适用住房建设相结合，积极拓展融资渠道，吸引社会资金投入棚户区改造工程。

新淮海西路旧城改造项目，市里为了解决资金不足的问题，就采取一种更加灵活的市场化融资方式，也就是利用投资商的资金，把规划中的房屋进行拆迁和改造，连同项目红线外的市政基础设施建设以及公益事业一起完成。将这个项目范围内的拆迁所能够实现的商业开发用地，通过公开出让实现市场化运作。这部分土地的出让收入，首先用于归还投资商的资金投入，剩余部分由政府和投资商进行分成。如果投资商成功获得这些土地，还可以通过开发，销售获取利润。

当时政府在新淮海西路旧城改造项目上的原则是，在规划范围之内，利用土地出让金的收入来平衡整个拆迁过程和基础设施建设所需的全部资金（项目土地整理成本）。也就是说，项目土地整理成本是用在项目规划范围内的商业开发用地的土地出让金收入进行平衡的。在 2010 年，新淮海西路旧城改造项目预计的项目土地整理总成本是 19.6 亿元人民币。

政府希望达成的目标

政府希望达成的目标是什么呢？

首先，将来事情做完了以后，有一些基础设施和公益事业，比方说，道路、给水、排水、供电、供气、绿化，包括学校，这些政府不再投钱，都由投资商承担。当然，政府会通过部分费税减免予以政策上的支持。

其次，解决当地居民的居住问题，就是改善居住环境。这个棚户区改造主要是解决这个民生问题。

再次，政府除了达到以上两个目的之外，还有一个收益就是国家税收。项目不仅是改善周边环境，同时，也可以增加政府的财政收入，解决用工问题。

最后，政府希望通过这个项目，通过新淮海西路的打造大大改善徐州城市的形

象。市中心破烂不堪的棚户区将被宽阔的道路和现代建筑取代。

新淮海西路旧城改造项目规划

新淮海西路旧城改造项目位于人民广场以西，当时的淮海西路以北、矿山路以南、三环西路以东，总占地约 700 亩，其中可供开发的商业用地约 340 亩，拆迁居民约 3000 户，拆迁总面积约 41.1 万平方米。按照规划，近 100 万平方米的城市综合体开发将在沿 2.7 千米长的新淮海西路的 9 个地块上展开，成为徐州西部商业中心，一座座现代化的建筑将拔地而起。

王谦参与投资和开发管理的徐州中凯城市之光项目，恰好位于规划中的新淮海西路的最东端，是集办公楼、住宅、休闲娱乐、地下停车场等相关配套设施于一体的综合业态社区。周边随着段庄棚户区改造项目实施，新淮海西路建设推进，85 万平方米住宅，15 万平方米商业的开工建设，将彻底改变西部城区面貌，再造徐州西部中心商业圈，再造主城区东西主干道，为徐州社会经济发展增添新的增长极。

当地合作伙伴：温州人

要不要做新淮海西路旧城改造项目？王谦和陈定华，反复探讨分析这个项目。

陈定华在徐州生活了十几年，但他也不是徐州人，而是温州人。中等个子，胖胖的脸，五官端正，很慈祥，看上去很适合做掌柜的。

他的背景也很典型，曾经在国企工作，2001 年就进入了房地产业。他的第一个项目在安徽合肥，2002 年通过徐州市政府招商引资，进驻徐州，拿下前面提到的温州商贸城项目。

陈定华是非常典型的温州生意人。

温州人有"中国犹太人"之称，他们聪明能干，适应能力强，深谙商品经济规律，善于用最小投入获取最大利益。浙江省温州市曾以生产假冒伪劣的商品闻名，后来却成为我国市场经济与民营企业最为发达的地区之一。在温州 755 万人口中，有 60%~70% 的人在经商，这些人中又有 200 多万人走到了全国各地，甚至跨出了国门。

温州人的生意经之一是，善于模仿，将人家的好东西拿过来。在一无资金、二无技术、三无资源的背景下，有着狡黠而胆大性格的温州人，最初正是靠了"模仿"，才打出了一片属于自己的市场。曾经是温州"四大经济支柱"的纽扣、皮鞋、服装和打火机，无不来自于模仿。

温州人的生意经之二是，善于"钻营"。温州人是一个极具进取心和创造力的群体。重视和把握各种机遇，是他们开拓市场的有力武器。从这个意义上来说，温州人的生意经，就是一个以正当的"钻营"手段不断取得胜利的生意经。

温州人的生意经之三是，重视血缘和地缘。温州人喜欢这种建立在亲情与乡谊基础之上的合作型工作模式。尤其在海外，温州人走到哪里，就将他们的同乡会、联谊会、商会带到哪里。

在陈定华身上，王谦看到温州人的一个非常重要的特点是：温州人做生意很简单，就是金钱为上。

这个特点的优点是，温州人从来不算别人兜里的钱，他只盘算自己口袋里的钱，他做生意当然是要赚钱的，但他不会认为别人就不能赚钱，不会一定要把人家的便宜占尽，只要对他来说合算就行，钱可以大家一起赚。

合作的双方对彼此的认可很重要。

王谦认可陈定华什么呢？王谦认为，温州人相对来讲比较市场化，不会放很多人情在生意里。情分和生意，他们分得很清楚。在他们眼里，钱是一件很严肃的事情。温州人之所以选择跟温州自己人合作，是因为外地人很难真正理解、完全认同这种观点，但王谦却很理解和认同。

陈定华为什么想同王谦合作呢？王谦认为，还是因为自己的融资能力和美国式的简单化思维模式。美国人更多追求的是公平、透明，不对某一种做生意的方

式有任何偏见，美国人做生意靠的是法律的约束、市场化的认知，并不是靠人际关系。这种理念在某种程度上，跟温州人做生意的思路有相似之处，所以对接起来也简单。

尽管双方这方面有共识，但在实际操作上面，双方也有许多需要磨合之处。

早在 2007 年第一个项目合作的时候，王谦就认识到了这一点。

当时，由于陈定华是第一次和外资合作，执行起来很难。因为陈定华这边有一些方面不能满足华平和王谦的要求。比如，他们接受不了合约的严谨性，或者提供不了王谦这边需要的项目资料。陈定华觉得，我都同意了，都答应你了，那就行了。因为温州人有一种契约精神，在生意上已经决定的事情，不会轻易变化。他们不具备国际化的操作素质，合作起来也是很头疼的。

但是，通过磨合，事情还是解决了。当时，由于美国资金进来需要一些手续，时间比较长，陈定华一度认为那次合作不可能做成了，但最后王谦把事情做成了，所以他对王谦非常认可。

经过第一次合作磨合，双方互相认可。

王谦看准了徐州市场，就跟陈定华说，咱们按照同样的模式继续往下合作，一起来开发后续的地块，陈定华也同意了。

于是，王谦这次得到新淮海西路旧城改造项目的信息，就找陈定华商量，看看能否继续合作。

陈定华：拆迁，没问题

陈定华对新淮海西路旧城改造这个项目也很感兴趣。因为这个项目跟前面投的徐州中凯城市之光项目是一脉相承的，他对这个项目情况的各个方面了解得比较清楚，认为从地理位置和发展前景来说，具有非常明显的价值。

从正面因素来看，新淮海西路地处徐州的中心地段，只是长期以来政府没有资金来整理这个地块，所以一直没有得到发展。如果能拿下这个地块，无论用于住宅或者商业，都有着极好的潜力。

这个项目里唯一需要严肃考虑的就是拆迁。

拆迁，是房地产商最大的梦魇之一，在中国房地产行业的发展过程中，曾经造就大量的地产商和居民间的冲突以及令许多媒体感到震惊的轰动事件。

新淮海西路旧城改造项目不但有拆迁，而且是大量的拆迁，大量的棚户区改造。

但是，陈定华对拆迁这块表现出强烈的信心。

王谦认为，陈定华已经在徐州浮浮沉沉做了十几年的生意，对徐州各方面的情况都很熟悉。他对新淮海西路旧城改造项目的看好，尤其是对拆迁的乐观估计，给了王谦很大的信心。

正反面因素都摆了出来，经过权衡利弊，他们想拿下这个项目。

项目方案敲定：吃了定心丸

因为有了陈定华对拆迁问题的信心，王谦开始考虑具体的项目运作方案。

新淮海西路旧城改造这个项目的特点是一、二级联动。

一级开发就是土地拆迁平整，弄成三通一平，但要转二级市场要通过国土系统。二级开发就是通过土地"招拍挂"获取土地。

一、二级联动就是开发商把土地拆迁平整后，自己通过土地市场招拍挂拿地。

也就是说，公司从拆迁开始向政府提供资金，从拆迁这块开始进行合作。公司提供资金，政府负责拆迁，大家一起把这个地整理出来。整理出来以后，通过挂牌，然后公司摘到，进行二级开发，获取该获取的利润。如果别人摘到，多出来的部分，会有一个分成。

王谦的公司跟政府反复探讨项目合作方案。

项目合作方案里有两个重点，使王谦对政府，对项目更有信心。

第一，公司锁定了一块可以很快拆出来的地，地块上不是居民，而是一座名为"4813"的厂房，厂房拆迁是比较简单的。

在这个厂房的地块范围内，公司能够开发出提供给拆迁户就近安置的房源。这个安置房源是非常重要的。所谓故土难离，有些人不管在原来住的地方多穷多苦，

条件多不好，其他地方条件再好，他就是不愿意搬到远处去。有了就近安置房源，就有了启动这个项目的关键。

第二，项目资金封闭运作，政策扶持。当时政府出台的方案规定，与棚户区改造项目相关的土地出让金收入，在扣除国家规定的税收后全部实行封闭运作，专门用于满足项目在拆迁和建设上的需求，同时，市政府在规费和地方税收上给予充分支持。项目所在地的泉山区政府还同意制定针对性强的扶持政策，化解棚户区改造的资金压力；并积极向省里争取优惠政策，构建良好的政策环境。

基于上述原则，政府跟公司很快达成了共识，新淮海西路旧城改造项目一共有14块可以出让的商业用地，所有土地出让金的收入必须全部定向封闭用作这个项目的拆迁和基础设施建设，以保证资金来源。否则，如果到了城市层面上去统一调配，这笔钱就不一定能用到这个项目上了。

这两个关键条款让王谦吃了一颗定心丸，对新淮海西路旧城改造项目信心倍增。

他认为，协议的商讨过程中，把握这两个关键点是很重要的。

这个项目，如果没有规模足够大的就近安置的房源是不能启动的。但是，这个项目有现成的厂区，可以先拆来开发作为安置房。

这么大金额的合同，上百亿销售的东西，如果不要求政府将这个项目土地出让金收入定向投入到这个项目的拆迁安置，你没有办法把握19.6亿元的资金到位。

他认为，只需要把握这两个关键点，就能决定这个项目今后整个的走向，就不会出现大的问题。

有了政府封闭运作政策的支持，再加上地块本身有4813厂这点优势，王谦相信，新淮海西路旧城改造项目一定能大获成功。

在徐州，王谦从2009年下半年先谈老体育场项目，到后来换了新淮海西路旧城改造项目，一直进展得还算是顺利。

方案敲定，2010年下半年，就开始签约了。

从中凯开发到徐州宝盛

从谈老体育场项目，到新淮海西路旧城改造项目，王谦都是代表中凯开发，以中凯开发董事长的身份，与徐州市政府在谈合作的。

2010年下半年，临近新淮海西路旧城改造项目签约的时候，王谦遇到了一个需要抉择的大问题。

王谦和中凯之间的合作，已经走到了一个三岔路口。

就像之前打过的比喻一样，中凯开发是王谦的孩子，他参与了它的孕育，也参与了它的出生，看着它慢慢成长，对这家公司是很有感情的，但是毕竟它的名字不属于王谦。中凯集团要把这个孩子拿回去养。王谦只能识趣，最终的选择只能是退出。

这个取舍的过程是很痛苦的，但到2010年中，王谦终于痛下决心，彻底放弃中凯开发。

他决定从中凯开发退出，因为这个团队已经不是自己的团队了，彼此的理念和管理模式都完全不一样。

徐州新淮海西路旧城改造这个项目，他想让一家新公司来做。

这个想法，要向徐州市政府交代，是一个十分棘手的问题。

市政府一直理所当然地认为，他们是要与中凯开发合作。中凯开发有国字背景，政府天然地是比较倾向于跟这种公司合作的。而且中凯开发的市场宣传做得很到位，在政府眼里他们是大企业，资金实力雄厚，尤其是有浙江省商业集团作为主要股东之一，更是增加了他们具备的公信力。

如果王谦现在告诉徐州市政府，这个项目不归中凯开发做了，这绝不是可以糊弄过去的事。

王谦决定把市长约出去喝茶，犹豫再三后说："市长，不好意思，我必须告诉你，这个项目，不能跟中凯开发签这个合同。"

这个消息让市长感到很意外。他放下茶杯，问："这是什么原因，这种事怎么

不早讲？"

缓了缓语气，王谦说："我也理解政府，希望能跟国有企业合作，这样比较有保障。现在把国有企业拿掉，我成立一家新公司，带外资过来，保证是60%外资控股的公司，来跟徐州合作这个项目，可以吗？我们一定为徐州招商引资做贡献！"

市长沉吟了一下，说："这倒也行。"

就这样，一个下午茶一样的谈话后，王谦新公司和徐州市政府的合作就这么达成了。

宝盛公司

王谦口中所说的外资控股的新公司，叫徐州宝盛基础设施工程有限公司（简称"宝盛"）。

2010年9月29日，徐州宝盛成立。这是一家股份制合资企业，注册资本为2亿元人民币。其中，外资占60%，王谦本人的资金就是外资，因为早在2000年，他已经加入美国国籍。

公司成立之后，凭借实力雄厚、技术领先、经验丰富，成为徐州市政府重点招商引资的房地产经营管理公司。

王谦一直推崇高度专业化的"美国模式"，与之相应的，企业管理也要高度专业化，人才队伍也要高度专业化。宝盛的人才队伍可谓"高大上"。公司有工程、技术、经营各类专业人才60余人，高级职称8人，中级职称30人，均为大专以上学历，本科以上学历38人。公司高管全部具有本科以上学历，均为国内各专业领域的高级职业经理人，并具有担任国内外大型知名企业总监或副总以上职位的从业经历。

宝盛的主要业务是从事房地产开发、道路工程建设、城市排水管道工程施工、景观和绿地设施工程施工等。后来主要为淮海西路棚户区拆迁改造、新淮海西路商业圈的建设、新城区建设提供专业房地产经营管理服务。

公司提出"以效益为中心，视人才为资本，以市场为导向，视信誉为生命"的管理理念，目标是打造国内一流的房地产管理公司。

公司股权架构设计

项目有了，公司成立，公司股权架构是如何设计的呢？

王谦是基于中凯开发股权结构的经验教训，考虑现在的股权架构的。中凯开发的股权结构，华平进来的时候，王谦加华平是大于 50% 的，王谦加中凯集团也大于 50%，王谦就是要去做实际控制人，既然自己来操盘，必须得具备这个地位。

温州人：不足的钱我来找

王谦最初只想到跟陈定华合作。

王谦跟陈定华说得很清楚，谈的是股权五五分成，但如果这个项目启动资金需要 5 亿到 6 亿元的话，他没有 50% 的钱。

这时候，陈定华就发挥了温州人的优势。他说，没关系，你只要多出点力，如果你出不了 50% 的钱，你能出多少就多少，剩下的钱我来找，温州的钱，只要大家同意，支付利息就可以。

温州民间借贷很发达。作为改革的试点地区，温州对资本的敏感度历来都是极高的，其民间借贷的发展也具有鲜明的"温州模式"印记。温州依靠多种经济形式，特别是个体和私营经济的发展，迅速实现了农村工业化和城镇化，这是在国家投资很少的条件下实现的，在此过程中，民间金融对温州的民营经济发展过程起了不可替代的作用。"温州模式"的主要特点，是民营经济占市场主导地位，而温州的民营企业中，大部分企业的初始资金几乎都来自民间借贷。

从温州借贷，这是一种解决方案。但是王谦那时候非常庆幸，最终没有使用这个方案。后来，2011 年年底发生了一件事情，就是温州的地下钱庄，导致陈定华这边资金状况出现问题。这时候，王谦真的是倒吸了一口凉气。因为如果当时用了温

州的钱，后果不堪设想。因为王谦也是董事长、法人代表，股东出问题，王谦也是要受连累的。说明这时候可以突出专业的重要性。王谦说，做生意不要存在侥幸心理，不要用那种听起来很美的，但实际上自己其实无法控制的方式做生意。可能你能过一次，但不一定能过每次。这个小心，是基于专业的冷静判断。

当时，王谦就对陈定华的这个提议，表示还需三思。

谁多出钱谁是老大，意味着话语权。从这个角度考虑，温州人多掏钱，就意味着按照温州人的管理方式来做新淮海西路旧城改造项目。

这是王谦不能接受的。

第一，温州人的管理方式王谦肯定是不认可的。

第二，国内的企业文化，当时王谦也不认可。美国人的想法是，提倡国际化、专业化、市场化的管理，跟政府可以进行平等的交流，包括碰撞，都可以。但国内的文化是，企业要求着政府。王谦那时无法认同这种做法。

既然不能认同这种做法，那么王谦就要自己掌控局面，不能让温州的资金股份呈现一边倒的形势。

这时候王谦就要做个决策，资金是从温州借贷，还是再引进一个投资方？

他选择了后者。

台湾人：加入团队，没问题

2010 年 8 月，王谦跑了一趟台北，去看那边的资金状况。

当时陈定华也知道台湾有这帮朋友在这边投资，他让王谦自己做决定。温州人很简单，只要有生意做，有钱赚，你的资金是美国的、中国的、韩国的都没关系，大家合作赚钱就是，这一点比较单纯。

然后，王谦就开始了第一次跟台湾人合作。

与台湾人谈具体合作方案，王谦跟陈定华最初的想法是，跟台湾人谈一个保底，有点像明股实债[1]。我给你保底，你不要介入太多的管理，我们占 60%，你占

---

1 明股实债，即名义上是股权投资，实际上是债权、发放贷款。到了约定期限，原来的股东还款后，投资人便撤销股份。

40%，我们保证你的最低收益，多了以后你再多分。王谦是带着这个方案去的，这个也是一般融资的方法。

结果没想到，台湾人特别可爱，他们说："既然这个项目这么好，咱们同股同权[1]吧！"

王谦说："你确定？"

他们说："那有什么问题啊？"口气很大，以至于王谦一时间无法估计他们的经济实力和谈话的严肃性。

同股同权，所以，台湾人就加入了团队，成了股东之一，一共两个人，各占20%，一共40%。

台湾人看好项目的原因

宝盛公司台湾投资方代表孙培华谈到台湾投资方当时看好徐州的项目的原因。

第一，是这个项目的体量够大。一百万平方米，这么大规模的社区在徐州乃至周边的城市，可能是绝版的。徐州当时也有其他零星的地块，做不了大规模的整体规划，这一百万平方米连续的地块，可以做全方位的规划。

第二，是这个项目的所在地徐州的房地产市场抗压、抗跌性比较强。当全国房价在涨的时候，徐州没有像一线城市涨得那么凶狠；当全国房价在跌的时候，徐州的房价也没有跌得那么凶狠。直到现在，徐州的房地产也都是如此。它抗压、抗跌性也越来越好。

第三，是对项目操盘手王谦的认可。他们对王谦的操盘能力、融资能力还有人品，也是信任的。

第四，是对这个项目所在的地段的周边配套很满意。淮海西路这条路开出来的话，以后会是徐州市比较现代化的地方。当时徐州最大的房地产商品牌绿地，在徐州的经济开发区和新城区盖了很多房子，但是入住率比较低，因为新城区的配套没

---

1 同股同权，是指相同的股份代表相同的权利。相对应的是同股不同权，就是说即使你的股份多，但是具有表决权力的还是原来约定好的那个人。

有跟上，位于东郊的经济开发区比新城区好一点，但周边的配套也都不是非常成熟。而淮海西路就不一样，周边配套非常成熟，医院、超市、学校所有的生活配套都有，都成熟。

第五，台湾人有很多在昆山做生意的朋友都认识市长，对他的领导能力和人品很认可。像新淮海西路这样大规模的旧城改造和城市综合体项目的开发，必须靠城市一把手的支持。市长在接触过他的台商心目中是一位亲商爱商、讲原则、讲道理的领导。台湾股东因此对徐州的政府环境充满信心。

新淮海西路旧城改造项目也因此成为具有"台资"背景的项目。

宝盛最终的股权架构

2010 年 10 月，三方签约了。

资金方面，台湾人（两个股东各占 20%）占 40%，王谦占 30%，陈定华占 30%。

权力方面，三个股东各自分管一块。陈定华负责土地整理拆迁，台湾股东提供 40% 的投资和必要的资源支持，王谦的任务是负责融资、管理以及面对市场解决产品问题。王谦担任董事长。台湾股东基本上是财务投资人。

这个股东团队的合作，再次体现出了王谦的桥梁作用。

台湾股东直接跟温州人合作，是永远合作不成的，就像中凯集团如果直接跟华平合作是永远合作不成的。王谦的作用就是桥梁。他在中国做的生意，都是起的是一个桥梁的作用。

王谦：资金，没问题

三个股东加起来，他们的资金大概是 5.8 个亿。

而新淮海西路旧城改造项目体量有 100 万平方米，总共有 14 块地，整个项目当时预测整体拆迁成本或者说土地整理成本约是 19 个亿，资金量很大。

王谦他们设想的是滚动开发，以少量的钱带动整个项目，公司只需要 5 亿到 6

亿就可以把这个项目整个撬动。

这14块地，分成几批。先拆第一批的3块地，这3块地挂牌了，公司就可以拿到地。拿到地以后，土地出让金给到政府，政府还给公司，利用这笔资金做第二批的3块地的拆迁。第一批3块地当然也需要资金，但公司通过融资，自己负担的资金大概只需要占30%，却能拿到100%的钱，用于下一批的拆迁。第一批的3块地通过招拍挂拿到以后就可以开发，公司会有销售收入，有钱回来了，又可以再去拿下一批地。就这样慢慢转起来，分期拆迁，分期挂牌，再分期开发，慢慢就把它做起来了，周而复始，整个项目是活的，运转自如，可以动起来。

滚动开发的特点是，一环扣一环，只要每个环节都能顺利推进，就能以较小的成本启动，最终顺利实现整个项目的开发。

以小博大是生意人的天性！

土地整理协议

2010年11月，宝盛与政府签订了土地整理协议。土地整理协议的主要内容是，开发商提供资金，政府拆迁。

当时的拆迁成本是17个亿，修路的成本规划是4个亿，政府政策性补偿约2000多万元，土地基金返还约1.2个亿。加起来，总共需要资金是19.6个多亿。但是，这些土地拆完、开发之后，进入市场，卖出去，回来不到18个亿。不到18个亿，但是这里面开发公司要交城市基础配套设施费，设施费要返还过来，作为收入，加上土地的出让资金，总体上和前面的投资是平衡的，是平的。土地整理协议的主要内容就是，核算开发商投的钱和通过本项目中的土地出让收回来的钱是平衡的。

那么开发商赚什么钱呢？就赚后期土地出让以后开发建设的钱。土地出让，当时虽然土地整理协议规定要"招拍挂"，但是垫资参与拆迁的开发商有优先拿地权。

开发商的土地出让金给政府了，但是开发商对土地进行开发，房子就升值了。

如果到土地交易中心里面去进行挂牌，宝盛拿不到，别人拿去了，那么别人叫牌，肯定比开发商和政府原来土地整理协议里面那个价格要高出很多才能拿到，那么，高出宝盛投入的钱，80%是要返回给开发商，要保证开发商的利益。

项目启动

从2009年10月王谦第一次到徐州考察项目，到2010年11月正式签约，历时一年，2010年11月，新淮海西路旧城改造项目终于正式启动。

五大问题

在2012年的时候，新淮海西路旧城改造项目陷入了困境，王谦作为董事长，面临着五大问题。

这五大问题一直缠绕着这个项目。

第一个，拆迁问题。

第二个，资金问题。

第三个，股东团队问题。

第四个，市场风险。

第五个，政治风险。

这五大问题，相互关联，互相牵扯，根本无法各个击破。

第一大问题：拆迁问题

拆迁工作涉及市政府和区级、街道办事处级两个方面。市政府方面对这个项目的拆迁政策和方案的评价是高、大、上的，然而，对于具体负责拆迁实际工作的区级、街道办事处级方面，却是个脏累差的活儿，困难重重，问题多多，还有许多从未遇到、无法依据政策解决的情况。

在对新淮海西路旧城改造这个项目拆迁工作的讲述和评价里，政府和开发商，如同"罗生门"一般，不同人有不同的角度、不同的说法、不同的评价。

在拆迁过程中，现实拆迁的难度之高，与拆迁前政府及开放商双方过于乐观的估计实在差距太大，事实上导致了开发商方面的资金计划极为被动。

政府方面评价：政府和开发商合作的范例

徐州泉山区原段庄拆迁办负责人徐鹏，对新淮海西路旧城改造项目的拆迁表示肯定，认为是政府和开发商合作的范例。

他认为：

过去城市的拆迁都是通过先土地毛挂牌、土地毛出让，然后再进行拆迁，再进行建设，过去多少年都是这样。很简单，政府划好这一带是不是属于拆迁区域，谁要找我我就挂牌给你，挂牌之后就把这个地价商量好，把这个拆迁成本测算好，然后取一个差价，哪个开发商来拍这块地，这个地就算他的了。他出钱拆完之后再建，过去是这样子。房地产的拆迁也是开发商自己拆迁。但这样，在拆迁当中，开发商违规的行为比较多，难度很大，他一拆不了就有一些问题出现，会出现一些社会矛盾。

于是 2008 年、2009 年国家就规定不允许毛地出让，都改成净地出让。这下子，政府在这方面就不知所措，不知道该怎么做了。

在王谦他们走这条路子之前，政府自己投钱，自己迁完，作为净地，政府对外拍卖。这样政府收益肯定高。但是，政府前期需要投入大量的资金。实际上它也不划算，有融资成本在里面。

实际上，2010 年，王谦这个项目的拆迁方案，在徐州市实现了一个民企参与土地整理的突破。

这是在国土部新出台的政策下，徐州第一次采用这种拆迁方案，就是先由开发商出钱，政府来帮着拆，拆完了，净地之后，再拿净地招拍挂，招拍挂之后卖地的收入，再用来补偿开发商前期拆迁的投入。我们实际上就把它变形为土地的一级整理。

我们对比一下过去的方式跟现在的方式。

过去老方式的危险性在哪里呢？就是会激起社会矛盾，开发商来负责拆迁的时候，会无所不用其极地使用拆迁一些手段，一些非正常的手段，引起社会矛盾。一个拆迁项目十年八年都是正常，还有就是放在那儿动不了。

现在新的方式高风险一点，实际上给投资人带来一些财务风险。第一，他筹集资金先垫进来了，但是拆迁是由政府来拆迁。而政府能不能高效地按照合同约定的时间拆完，这是一个最大的考验。现在实际上整个社会的拆迁引起的社会矛盾还是比较大，做起来非常不容易。这个项目一旦遇到什么困难，你拆不下去了，你开发商投资的钱就陷进去了。所以这个是一个风险。第二，他的资金流和融资也会受影响。第三，还有信誉等各种方面的问题。

这是一个政府和开发商合作得比较好的一个范例。实际上，直到现在，我们也没有专门的文件来规定怎么做。但是王谦第一次就把这个路子走成了，有点走钢丝的感觉，最后走得挺好的。走成了之后，到目前为止，他们后续有三个项目都是按照这个路子走的。雨润集团一千多亩，淮海路上有一块商业，以及现在他们正在跟荣盛谈的三环西路以西大概四千亩的项目，都是按这个方式走的。

这个路子走开了，等于做了一个突破，这个意义对徐州城市发展的意义是很大的。

宝盛方面诉苦：困难重重

新淮海西路旧城改造项目前面的拆迁、土地交易、挂牌、整理工作，都是由宝盛公司土地整理中心总经理何健负责的。

他表示，拿了政府的拆迁补偿协议或者拆迁方案，很容易以为这个拆迁工作应该是很好做。因为看起来，按照方案，政府给老百姓的条件相对来说是很高的，所以应该很容易拆。但其实不是这样的。有很多很多想象不到的困难与问题。

2014年，他介绍了项目拆迁4年多的详细情况，包括拆迁的障碍、拆迁的难度、拆迁的时间、拆迁中的困难户和解决办法，等等。

他说："我做拆迁做得比较早，在合肥那边是在1995年就开始做拆迁了。那时候合肥那边做经济开发区，也是做大拆迁。"

拆迁都有障碍，这个项目也不例外。

全国任何地方，只要拆迁，都是有障碍的，不管你条件给得低也好，高也罢。因为作为老百姓来讲，他就这么一回了，这也很正常，将心比心，换位思考，如果我是拆迁户，如果我顺顺当当地跟你签订协议，我走了，你补偿我一套房子，或者是给我十万块钱；如果要是我坚持不走，我拖一拖，还能多拿两万块钱，或者补偿的范围就多几个平方米，这是有可能的。正是因为有这些情况存在，所以拆迁过程中会造成一系列阻碍。

再加上有一些地方上的势力，地方有一些长期喜欢跟政府杠的，这很正常的。

现在你看所有拆迁，它都有钉子户，都有这些障碍。

这个项目，拆迁难度是比较大的。

为什么说难度大呢？段庄这个地方，从历史上看，很多房子是祖辈留下来的，存在很多历史渊源。从地段上看，这个地方靠着淮海西路，靠着市中心人民广场，自身条件比较好。从拆迁物看，违建、搭建很密集，因为它靠近城市中心地带。所以，相应地，拆迁难度很大。

难度大的原因，还有一些是特殊关系造成的。别看这个地方杂乱无章，但关系网伸展得很远。各种关系、各种干涉，给项目拆迁进度也带来了一定的影响。

这个项目，拆迁力度是比较大的。

我们是跟政府合作做这个土地整理。从公司方面讲，应该力度还是比较大的。从政府方面讲，政府的支持也很大，特别是原来那个分管区长。资金是我们投入的，我们在项目中是作为监管方进入的。管理监督，技术监督，资金的监督，程序的监督，审批的监督，都是我们参与监督。如果没有政府派出两个能力很强的人来做这项工作，很可能这个拆迁到现在还都没弄好。

相比较而言，我们的项目拆迁不是拖得最久的。我们的项目之前，有其他的项目已经拆了有六年，到现在依然还是交不了。我们这边土地基本都交付了。时间确

实是长，但跟徐州别的地块拆迁来比，还算比较成功的。

这个项目，拆迁遇到了很多困难，遇到了很多在拆迁补偿安置方案找不到解决办法的问题。

拆迁补偿方案的条文是一条一条，但实际上，无法用条文应对的案例有许多。

比如，有房产证的房子怎么安置，无房产证的怎么安置，公建怎么安置，私搭但住了很多年的怎么安置，货币化怎么补偿，商业房怎么补偿，特殊情况怎么对待，这些在拆迁补偿安置方案中都有标准，是政府给的标准。

但是，在这个标准之外，我们这个地方拆迁遇到了在方案里没有的问题，有之前根本想象不到的一些问题出现。

拆迁过程中，我们遇到了各种各样的困难户。

第一种困难户，就是正常拆迁都会遇到的困难户。

比如讲，有一户房子，一家六口人，祖宗三代。这六口人没有一个劳动力，也就是说没有一个人是有收入的，都是靠吃低保的。如果拿拆迁政策去对照着办，就解决不了。因为拆迁后，他租房子的钱都没有，连搬家的钱都没有。如果你叫他去签份协议就走，他是不肯签的。这种情况，很难办。你不对他这一户有特殊补偿吧，他不走；但是你如果给他特殊待遇吧，别的条件好的听说了，他就不干。一户跟一户之间会比较。这种情况下，你就不敢轻易动这一户，那么，这一户就造成一个困难户。

比如，还有一户房子，老夫妻带着几个儿女。他同意你的补偿，愿意跟你谈，但是他没法分财产，几个儿女有的要钱，有的要房子，永远都分不匀，对分配方式都不满意。你找司法调节，找人办，总是谈不拢。大儿子、二儿子、女儿都要分财产，我们不可能每个人都给一套房子。那么就带来了你想象不到的困难，没法拆迁。这又造成了一个困难户。

这是正常拆迁遇到的困难户。

第二种困难户，我们这儿有一种叫作"无证连家店"，开始也是无法处理的困难户。

这里是老村宅，街面很小，沿街都是经营的，做包子铺，做美容院的，做小百货的。商业正常经营，要有营业执照，但这里很多都没有营业执照。虽然没有，但几代人就这么经营下来了。它很不规范，但是就是这么一种地域的环境下面的存在。这些店铺里面，80%是"无证连家店"。

什么叫"无证连家店"呢？

"无"就是没有的意思，"无证"，什么证呢？"证"就是商业房产证，或者是经营许可证。"连家店"是什么意思？就是店连着他自家住的房子，前面做商业了，后面自己住。

这种房子的拆迁也是困难的，因为老百姓认为它前面的店有商业价值，跟普通住宅不一样。

"无证连家店"有什么拆迁问题呢？

从政府文件上看，拆迁安置方案是不认"无证连家店"的，文件里面找不到这种情况。从资金管理上看，拆迁经费虽然是企业垫付的，但是是政府管理的资金，既然资金是政府的，那么要按照政府的政策办事。这个无证连家店，政府是不能给你钱的。那么，这个问题的解决，等于没有法律依据。如果政府文件上不承认，资金上不给予额外补偿，那么老百姓他就不干，就会出现一批困难户。

这个拆迁问题怎么解决呢？

我们企业跟区拆迁指挥部、泉山区段庄街道，这三家就坐在一起商量，有一个会议备忘录，提出来了一个"无证连家店"政策。这个政策打算认可"无证连家店"，视为它是有证的，给它相应的补偿，这样，这类拆迁就会变得容易，这部分补偿的钱由开发商掏。

但这个政策在执行上有什么困难呢？

有一个公平公正的问题。因为拆迁户又会开始比较。有的说我开了十年了，有

的说我春节之前开的，开店时间很难确定，这样会带来很多想象不到的困难和问题。

那么怎么解决这个公平公正问题呢？

我们商量决定，无证连家店要经过严格的审核。老百姓首先要申请，说我们家有商业，是连家的，你要给补偿。区政府、街道办、村和我们企业四家组成一个班子来进行审核，这四个部门组织人到现场去调研、拍照、取证，然后填表，然后再审核。首先，要确定基本资料，他是做面馆的，他是开美发店的，做了多长时间了，做好记录。其次，现场没拆之前，还得拍相片。这些审核资料，全部存档。

审核通过以后，"无证连家店"的补偿资金怎么补偿给老百姓呢？

正常的拆迁补偿资金是从我们开发商的土地出让资金，都上交到政府，政府再批到市拆迁办公室。所有的给老百姓的补偿资金，都是通过拆迁领导组和老百姓一对一地签好协议，协议双方盖章，公证盖章，然后到拆迁办审核，拆迁办按照拆迁资金，再把钱补偿给老百姓的。

但是，"无证连家店"的补偿资金，不能投入拆迁办了，就是通过区财政局直接拨给街道办，街道办再回迁给他们，当然都是通过我们多方签字的。

拆迁成本统一合作。拆迁成本的支出分成两大块。一块是拨到了市拆迁办，协议支出。一块就是拨到拆迁现场作为体外循环支出。那么，最终通过审计局审计认可，再进行核算。因为还得算账，就是算整个投入的钱，土地资金返回多少钱，拆迁成本多少，是不是保持平衡的，是不是有富余的，等等。也可能土地出让金很大，拆迁成本很小，钱就结余了。结余的钱，按照土地签约，是要跟政府进行分红的。如果钱不足，全部由企业100%投入。

总之，这个"无证连家店"政策，就是在拆迁当中为解决"无证连家店"的补偿问题演绎出来的这么一个特殊政策。

这就是第二种困难户——"无证连家店"困难户的解决情况。

第三种困难户，是下岗职工困难户。

段庄有一些住宅，是当年老的国有企业和集体企业为解决住房问题遗留下来的。老工业基地的集体宿舍，一家就一间房，一间房就是一户，每家每户就10平方米的房子。后来企业改制了，企业倒闭了，他们下岗了，这些房子就成了他的住宅房。下岗职工他们真的是没钱。你要按照拆迁补偿方案，让他买房他买不了。他只有10平方米，按照政策，当时我们的补偿款是6000元钱一平方米，10平方米，总共才6万元。6万元，他买什么房？他说，只要给我一个能够生活的地方就行了，就这个要求。你怎么解决这些问题？像这种问题，当时有将近一百户，也成了拆迁困难户。

第四种困难户，就是农村的住宅房、企业改制房，还有原来私人买的房子。

当时我们政府给的政策是，这类房子，一个平方米只给4800元。当时周围的房价都在7000元到8000元。你怎么去拆他的房子？他根本就不动。你不能把他赶到大街上、马路上去住。碰到这些情况，又要特殊对待。

一系列的特殊情况需要特殊对待，不仅要专门研究，还要把握时机。因为每一个特殊情况的拆迁，和另外一个特殊情况的拆迁都会有牵扯，都会有比较，都会存在政策的变动、政策的范围变化等问题。

这些特殊情况解决不了，又形成了一批困难户。

第五种困难户，就是坚持做钉子户的。

其实这个项目的补偿条件，在徐州应该说是条件给的最高的了，但是每个人都想多要点。有的人一看要不着了，有可能就松动了，一松了就可以走了。但也还是有一些人，他就是坚持当钉子户。

钉子户的解决办法，第一个，是走法律途径。2013年开始，可以把征地拆迁工作中的问题，交给司法机关依法律规定处置。政府跟钉子户谈了，谈不拢，钉子户要价远远高于补偿条件，完全不合道理的，那么，拆迁领导组就可以到司法局去起诉。

第二个，最后还剩几户，开发商确实等不下去了，有可能跟钉子户一户一谈，满足他们的条件。比如，全家靠低保的，我们就想办法到外边去买房子给他。

这五种拆迁困难户，各有各的情况，各有各的问题，各有各的困难，我们必须一一解决。

这个项目，拆迁费用，从开始到现在，已经超出了协议的数字。我们整个拆迁的土地整理协议，当时拆迁讲的是 16.4 亿元，现在实际上已经达到 18 亿元。为什么会超过这个数？就是以上讲的这五种拆迁困难户，在解决问题中产生了很多费用。

"老百姓其实肯定都感谢我们，我可以这么讲，钉子户也好，不是钉子户也好，百分之百的老百姓都感谢。他原来住那个房子，叫什么房子啊。没有卫生条件，都是棚户区，都是一些危房区。现在都住高楼了，不住高楼的，拿钱买房子了。原来兄弟之间住在一起，现在都分家了，都有房子了。他怎么不感谢？没有哪个不感谢的。"王谦如是说。

拆迁办：依法办事

徐州市泉山区原段庄拆迁办负责人徐鹏介绍：

这个项目的拆迁，我们拆迁办和宝盛公司，都认真把握住了最重要的一点，就是依法办事，把握公开、公平、公正的原则。在这个基础上，本着实事求是的精神，来做这个项目。

整个项目拆迁，历时三年多时间。在过程中，2000 多户的拆迁量，没有出现一起恶性的案件，没有一个家庭，因为被强制拆迁，造成家破人亡的事件。尽管有个别群众由于不理解政策，受个别人的挑唆，对区政府、市政府进行冲击，也得到了法律应有的制裁。但是总体上来说，没有产生比较恶劣的后果。应该说，各个层面的利益诉求，尽管没能够完全满足，但也达到了标准。

王谦：坚守价值底线，拒绝利益诱惑

在拆迁进展不顺的时候，王谦是非常焦虑的。

但是，他最后总结时还是说：

尽管拆迁过程中有很多问题，但是公司始终坚持原则和底线。也许坚持的过程

中丧失了一些挣钱的机会，但是塞翁失马，焉知非福？比如，如果我去贿赂，可能拆迁进展会加快，但是我不。我们拆迁是慢了，也确实是因为我们一直坚持着一些原则，守住底线。要不然我真"进去"了。

拆迁进展缓慢

尽管政府方面对拆迁方案和后来的结果高度评价，尽管拆迁办和宝盛公司都在坚持拆迁的原则，拆迁工作当时也依照方案和相关的法律法规推进，但速度实在是太慢了。

当初公司跟政府的协议是要求一年半就迁完，2011 年年初开始，到 2012 年下半年迁完，但实际上，到 2012 年，拆迁还在缓速推进。直到 2014 年，才到扫尾阶段。

第一批的 3 块地，他们原本预期 6 个月内可以完成拆迁，结果遇到了诸多困难，原来预计很容易拆迁的厂房，由于业主索要高额拆迁补偿款，一直无法谈成，直到 2012 年年初之前都无法成为净地，但还是勉强进入土地招拍挂。与此同时，第二批的 3 块地，以及第三批的 3 块地，都进入了拆迁。每一块地的拆迁速度都不理想。

拆迁缓慢，是整个项目无法按预期进行的起因，是后面几个大问题的导火索，同时，也是后面几个大问题无法解决的症结所在。

最令股东们心急如焚的是，它引爆了宝盛迫在眉睫的第二大问题：资金问题。

第二大问题：资金问题

2011 年下半年，由于拆迁并不像当初预料的那么顺利，造成了公司根本无法像当初预想的那样进行滚动开发，资金流出现问题，资金出现缺口。

地产项目最怕速度推进慢，因为这不是一家小杂货店的生意，没人买东西最多就不进货，或者干脆关掉就可以节省人力资源成本和电费。

地产项目推进的速度一慢，资金流就开始出现问题。

因为拆迁速度慢，地就不能及时挂牌，钱就回不来，等于出现了现金流的不健

康运转。如果这样持续下去，那可能资金链就会断掉，引起许多麻烦，甚至导致项目的失败。

原来宝盛是如此计划的：

新淮海西路旧城改造项目体量有 100 万平方米，总共有 14 块地，整个项目当时预测整体拆迁成本或者说土地整理成本是 18.6 亿元。如果通过滚动开发，实际上公司只需要 5 亿到 6 亿元就可以把这个项目整个撬动。

但是，这样运转的前提是，所有环节，一环接一环，每个环节都进展顺利。任何一个环节出现问题，就会带来多米诺效应，整个过程都开始吃力起来。

他当初设想的是一切顺利，良性循环；但是实际情况是，一环出了问题，一切就陷入了恶性循环。

现在项目拆迁出现了问题，进展缓慢，但拆迁资金却还是要给。土地拆不完，没法挂牌，一直这么拆，就得一直这么给钱，却没有资金回笼。资金等于只有流出，没有流入，这个压力有多么大，可想而知。

2011 年年底，所有投资方在这个项目上的危机感空前地强起来了。

宝盛是在 2011 年年初拿的安置房地块，地价需要 4 个亿，开发启动资金需要 1 个亿，总共 5 个亿，通过杭州工商信托，这个项目一共融了 3 个亿，等于宝盛用了 2 个亿就开始做这个项目了。但是，由于拆迁的一拖再拖，后续土地无法如期进入招拍挂，也就没有土地出让金收入，政府没有资金按照与宝盛签署的安置房回购协议的约定支付回购款。但安置房的工程一旦启动是不能停下来的，宝盛必须加大对项目的投入，保证开发资金的最低需求。

到 2012 年底，杭州工商信托投入的第一个 1.5 亿元本息到期。信托融资的最大制约是到期必须还款，否则信托公司就要上黑名单，并对项目进行强行处置。经过东挪西凑，第一笔到期的信托融资完璧归赵了。

到 2013 年 6 月，杭州工商信托投入的第二个 1.5 亿元本息到期。王谦一度面临在 15 天内筹集 1.86 亿元的困境。按照他自己的话说，当时的感觉是叫天天不应，叫地地不灵。

本来北京一家信托公司同意提供过桥资金用于归还杭州工商信托的融资，但在抵押担保方面无法通过他们公司的贷审会，王谦从北京空手而归。在最后一刻，王谦通过万科顺利解决了问题，堪称有惊无险。

那笔还款只要逾期一天，后果不堪设想。除了经济上将蒙受巨大损失以外，王谦多年来在地产投资界积累的良好信誉将毁于一旦。

2012年，在9块地的拆迁全面开花以后，在一段时间内，任何一块地只要达不到净地，也就无法挂牌，造成了资金流无法进入良性循环，资金出现重大的缺口。这种情况下，公司也就面临着在最短的时间内准备整个拆迁资金，除掉已经支付的土地出让金，还需要筹集将近12.1亿元，才能够使这个项目往前推进。

2012年年初，终于有三块地可以挂牌了。宝盛用了1年时间，才拿到可以开发住宅的地，比预期至少晚了半年以上。这个地一共是6.02亿元的土地款，第一笔支付了3.02亿元，也是通过跟杭州工商信托合作。再加上启动资金，最后宝盛出了30%，出了1个多亿，公司又出了一笔钱拿这个地。加上之前在安置房项目和拆迁上的投入，宝盛股东自有资金的总投入已经超过5.8亿元。这还不算期间的资金成本。自从2011年年底，王谦和陈定华的资金已经非常紧张，很多次都不得不利用民间高利贷资金渡过难关。无独有偶，2011年年底的温州钱荒彻底堵死了陈定华利用温州资金的计划。有一次，王谦还亲自飞到台北向台湾股东借钱，他说，除非是走投无路，没有人会愿意开口向合作伙伴借钱的，那种感觉非常尴尬，令人难堪。幸运的是，王谦的台湾股东在最关键的时刻，向王谦一次又一次地伸出援助之手。

由于拆迁的拖延，宝盛在项目上用到的信托资金的成本不断地增加，时间就是钱。而且由于拆迁的不顺利，造成当初设想的滚动开发已经不成立了，需要的资金量大大超出预期。宝盛的资金链已经岌岌可危。

经历过2008年华平从中凯开发撤资的事，王谦曾经以为再也不会有那么煎熬

与希冀并行的时刻。没想到，现在又再次遇到。

第三大问题：股东团队问题

三方合作开始，王谦就看到了台湾人和温州人之间明显的经营上的分歧，而王谦的角色就是和事佬。

后来，温州人和台湾人的矛盾到了什么程度呢？

2011年上半年，在开董事会之前，陈定华甚至跟王谦说，不行我把台湾股东的股权买了算了，看看他们要多少回报，你跟他们谈谈，我把他们买掉算了。

在陈定华眼里，台湾股东是很烦的，以至于他把这个意思用非正式的形式表达出来了。

在台湾人眼中，随着拆迁形式的日益严峻，他们远在台北的心越来越忐忑不安。在2011年下半年，王谦几乎每天都会接到台湾股东的电话，询问拆迁的进展，要求王谦在拆迁上投入精力。但在当初的分工上，陈定华是负责拆迁的。陈定华也是很要面子，轻易不认输的人。同时，他深知王谦在融资，在与台湾股东的沟通上需要花费很大的精力，又不忍心就拆迁的事情总麻烦王谦。面对陈定华和台湾股东，王谦很多次真想一走了之，但是，出于一种责任感，他还是尽全力处理好股东之间的关系。

然而，不得不承认，当时的股东分歧确实是非常大，以至于管理陷入了混乱。

导致团队问题的主观原因

王谦认为，导致团队问题的原因之一，首先是主观上文化背景不同。

在三方正式合作之前，台湾股东因为很是看好这个项目，所以从来没跟他们的朋友讲过这个案子，生怕那些人要参与。但是，等签过约以后，当有点问题出来的时候，他们又到处去打听这种项目怎么回事。这种道听途说的信息，其实给他们造成了很大的困扰。

比如，公司项目签约之后，台湾股东开始跟人炫耀，但对方连徐州都没太听说过，而且一听说有拆迁，直接就说，你怎么敢碰拆迁啊，我在北京那个项目十年都没拆完。这台湾股东一下子头就大了，对二、三线城市项目的前景和拆迁难度产生了疑惑。

问题在于他们有疑惑却又不直接讲，而是采取了一些特殊的处理方式。

首先，台湾股东开始派人，做各种动作，来徐州审视公司运作。

王谦最初没想这么多，台湾那边派人他还开心。第一，是有人管事了，第二，省得自己跟台湾股东汇报了。王谦最希望的是各自建立自己的沟通渠道，这样彼此都很方便。

结果事与愿违。台湾股东纷纷派人赶到徐州。台湾方面的代表，突然会问一些明显不尊重人格的问题，基本就把王谦和陈定华这边当小偷一样来防范着。

一方面，台湾股东自身就有这种防范心理。另一方面，派来的人，为了让自己的老板知道自己的作用，把很多事情夸大放大，甚至增加神秘感。

这样，台湾股东本来就有一些先入为主的印象，再加之这种与事实不符的汇报，激起的矛盾就很大。

另外，股东方面派来的几个人，互相之间还有冲突，相互也搞不定，弄得简直是一团乱麻。

其次，台湾股东还直接给王谦压力，或者找律师，或者打一些莫名其妙的电话，各种旁敲侧击。

王谦开始不明白，他觉得，合作就像结婚，台湾股东要谈的问题，应该是婚前谈的，婚前他很爽快，什么都不问，怎么现在结了婚才来谈？他感到有些莫名其妙，回应的态度就不大好。王谦的这种态度，反过来影响到了台湾股东，他们就越来越紧张。

又比如，安置房项目启动以后，王谦突然接到台湾股东打过来的电话。他在电话里说，他听说在大陆总包可以给开发商 10% 的回扣。

听到这个说法，王谦很惊讶，就跟他说，大陆总包的利润连 10% 都没有，这 10% 的回扣是怎么出来的？你再了解了解到底什么情况。

其实台湾股东的意思就是想问，是不是王谦跟陈定华一起拿了 10%，然后没有他们的份儿。

台湾股东会打这样的电话，再次说明了他们很不了解大陆建筑行业的利润范围，大陆总包的利润一般是 8%~10%，人家不可能都给开发商回扣。还有一个，总包是王谦推荐的其中一家，南通五建，王谦作为 30% 的股东，不可能拿 10% 的回扣。

台湾股东打听了解清楚了，王谦才明白，是台湾股东有一个在台湾做开发的朋友，把建筑成本做高 10%，为的是避税，然后再把这 10% 返给开发商，而不是人家拿回扣的概念。台湾股东听错了。这是文化差异，还有经历的差异造成的，台湾股东不是做房地产开发的，不了解其中的操作流程。

再比如，后来，台湾股东又提到拆迁资金的使用问题。陈定华是负责拆迁的，台湾股东又在猜测拆迁这块，跟王谦跟陈定华有什么特殊的关系。

为了解决这些问题，王谦采取了自己的做法：第一，加强透明度；第二，鼓励台湾股东去了解一些真实情况。这样一点一点地消除合伙人的怀疑。

此外，导致团队问题的主观原因之一，就是理念不同。

比如，王谦认为，这么一个百万平方米城市综合体开发的项目，他需要一个专业团队，否则草台班子肯定要出问题。于是当时联系了武汉万科，让他清华的同寝室的同学、武汉万科的副总陆双强，从武汉万科一共带了 4 个人来。因为当时正好武汉万科的总经理发生变动，再加上他也在考虑是不是要二次创业，就到徐州来了。这件事情，徐州当地的合伙人陈定华其实从心里是不认可的，他认为成本过高，而且会水土不服。

文化背景、管理理念等主观原因，会导致股东之间产生分歧。尽管三方文化背景和理念不同，但大家同意合作，说明大家有求大同的愿望，这些都还算好解决的问题。

导致团队问题的关键原因，是客观原因。

除了主观上理念不同，导致团队问题的关键客观原因，就是当时项目的拆迁遇到了困难，并不顺利。

新淮海西路旧城改造项目是从 2011 年 3 月正式启动拆迁的，正好遇到了国家政策不许强拆；也遇到宏观调控出台限购政策，限购加限贷，全国 49 个城市限购，二套房首付提高，买第三套房不给予贷款支持。

项目的拆迁遇到了前所未有的阻力，而且引发了资金链面临断裂的问题。

股东三方当时都感到了很大的压力。当一个项目的发展跟预期有比较大的差异的时候，就很难让所有股东都同步调整自己的预期。宝盛股东之间的矛盾，主要是因为大环境逼迫大家引发矛盾、激化矛盾。

股东各自的压力

不单是王谦，当时三方股东都很焦虑，而且各有各的压力。

比如台湾的股东，他们不在项目现场，所以当他们知道这个项目的拆迁资金不断出现问题的时候，他们肯定比在现场的股东要紧张，这个是很能理解的。另外，他们也不断地听到一些有关大陆房地产、资金、宏观调控等一系列的消息，他们也会感到很紧张。加上看到王谦和陈定华之间存在的理念、管理方法方面的差异，虽然台湾股东具备非常雄厚的经济实力，但也不敢再追加投资了。

比如温州股东，2011 年年底温州出现了金融链的断裂，温州整个金融环境发生了天翻地覆的变化，所以温州股东在资金等方面压力很大，他对这个项目也会产生不同的预期。

比如王谦本人，他感到股东的职责分工无法明确，相互产生了埋怨。原先设想这个项目的土地整理拆迁不是自己负责的，王谦的任务是负责融资、管理、产品，面对市场怎么来解决产品问题。但是到 2011 年下半年，王谦意识到，如果不亲自去徐州跟政府进行密切的交流、沟通，不亲自来面对拆迁过程中的土地整理过程中

的一系列问题，这个项目是推进不了的。

因为他认为，股东的合作是不能相互埋怨、相互怪罪的。比如，你是负责拆迁的，你为什么做不好？你没有资金，我怎么拆迁？这种争执是毫无疑义的。只能是竭尽全力不分你我地把事做好，齐心协力一直往前走。

但是毕竟自己的精力和经验都有限，所以，到2012年，他感觉压力非常大，开始质疑自己有没有能力把这个项目继续做下去。

客观上，由于项目拖延了很长时间，面对着拆迁缓慢、资金出现缺口，每个股东对这个项目的预期发生了变化。

主观上，由于文化背景和管理理念的差异，股东之间不断产生矛盾摩擦。股东矛盾体现在管理上，出现了多头管理，公司管理陷入混乱。

这个团队存在的这么多问题，是当初没有预想到的。

第四大问题：市场风险

房地产是周期性非常明显的行业，今天的市场不会一直延续，它是动态的。对市场风险的判断，必须要有前瞻性，要根据行业的规律进行判断。2012年，王谦已经感受到整个房地产市场过热，尤其是三、四线城市。王谦很清楚，如果在2012年这个市场最火爆的时候，他们没有机会进入市场销售，那就意味着有可能到他们销售的时候，正好遇到市场的低谷。

利润被削减近3亿：6万平方米商品房变安置房

除了担心房地产市场可能会走向低谷外，宝盛还遭遇了导致他们市场利润空间被大大压缩的一件事。

本来，按照计划，当时公司一期的安置房用地开发23万平方米里面，17万平方米是安置房，6万平方米是商品房。公司2011年年初拿到地，如果在2011年上半年开工的话，最晚到2012年中就可以对外销售了。6万平方米对外销售，当时一平方米至少卖7000元钱，有4.2个亿的回款。

但这时候，政府跟公司提出来，要把这6万平方米商品房，拿来做安置房。当时公司没有办法，只能同意。

事后，王谦特别后悔。

他说：

我记得很清楚，2011年2月7日，刚过完春节，大概上班第二天，副区长带着他下面这个项目的拆迁具体负责人和陈定华一起来到上海找我。

副区长他说有事情，要来亲自拜访我。

我当时就知道不同寻常，我意识到这个严肃性。

他说什么呢？他说他们前面拆迁摸底的时候，摸底不够深，估计不足，预计的就近安置房源估计少了。现在少了，怎么办呢？就希望我们把6万多平方米的商品房贡献出来当安置房。

因为那个时候他说得很绝，我们好像没法不答应。

现在想想，其实当时我也可以选择不同意，但为什么就同意了呢？

因为我们在2011年年初的时候，我们觉得那个市场会一直那么好。我们觉得这个项目以后的毛利润有二三十个亿，少了这6万平方米的利润，差了一个多亿又怎么样呢？

如果让出来这6万平方米，就近安置，那就赶快给我们拆迁完吧。结果6万平方米商品房让出来做安置房，拆迁却没有给我们按时完成。结果导致了很糟糕的恶果。这造成我们这个项目要有近3个亿的损失。因为后面拆迁时间长了，拖了，我们项目就没法实现现金流和利润，资金成本加大。

关键是这里面的悖论就是，我们做了太多乐观的假设，或者存在太多的侥幸心理。

后来政府同意按照同样的面积补偿我们一块地，但补偿地块还要花钱买。又一笔钱进去了，而且一直要等两年，我2013年才拿到那块补偿地块。

我吸取的教训是，不管跟谁合作，你只要把这个事的最坏的情况想到了，你才能做这个决定，有时候一个小的决定就可能会带来叠加式的后果。

创业要的就是正面叠加的效应，尽量避免负面叠加，关键是你经不起。

2011 年 2 月 8 日，当时不得不答应政府，把 6 万平方米的商品房当安置房。这大大削减了开发商的利润，也影响了原本就捉襟见肘的资金链。

第五大问题：政治风险

2012 年，当时徐州风传政府要发生变化，不断有市委书记调离徐州的传说。因为这个项目是市中心一、二级联动的百万平方米开发项目，非常需要政府的支持。同时，政府和企业的类似合作在徐州又是历史上第一次，没有成熟的操作模式，很多环节是摸着石头过河，需要经常和政府各级相关领导协商解决方案。如果主要领导人员发生变化，那么项目也将面临很多不确定因素。

吴伯雄先生访徐

项目的所有股东都不希望由于徐州市政府主要领导的变动，给这个项目带来不必要的延误或者负面影响。

于是他们商量，台湾股东方面，能不能请为促进两岸关系发展做出了重要贡献的时任中国国民党荣誉主席吴伯雄先生，找一个合适的机会到徐州访问，表示对这个项目的关注，将这个项目定位成"统战项目"。

正好，2012 年 5 月中旬，吴伯雄先生有一个到山东枣庄和江苏南京访问的行程。

于是，徐州市政府和徐州宝盛一起，策划了一个吴伯雄先生访问徐州的行程。在吴伯雄访问完台儿庄之后，驱车经过徐州，做短暂地停留，再从徐州乘高铁去南京。

2012 年 5 月 13 日，吴伯雄先生访问了徐州。

吴伯雄先生一行从高速路的徐州口下来以后，徐州市市委书记、市长，都出面亲自迎接吴伯雄先生。

当天天气晴朗，上午，吴伯雄先生参观了徐州的规划馆，了解徐州城市发展的历程以及未来的规划，对徐州的发展表示高度赞赏，而且在徐州规划馆的电子屏上留下了自己的签名。下午，吴伯雄先生参观了几家台湾的企业之后，专程到新淮海西路旧城改造项目的现场，仔细听取了项目进展的汇报，并要求徐州宝盛一定把这个项目做好。

第二天，他们从徐州去南京。

经过这个安排以后，项目顺利成为"统战项目"。这个过程中，除了政府主要部门的领导以外，唯一的一家企业就是徐州宝盛，徐州市政府看到了吴伯雄先生对此项目的重视程度。

五大问题带来的经验教训

在徐州宝盛操盘新淮海西路旧城改造项目过程中，王谦认为既有成功的经验，也有教训。他总结了四点：

第一，作为企业的实际控制人，决策需要果断，当仁不让。

一味地追求平衡，一味地忍让，最终会丧失商机，导致企业陷入投资经营的困境。很多商机都是由于企业领头人的优柔寡断、瞻前顾后而丧失的。

比如，股东合作的关键，是在合作之初立好规矩并严格执行。如果王谦坚持在项目刚开始时，将合作条款做详细，并在事情发生时秉公执法，股东之间的合作会顺利很多。当过多的人情掺杂在商业合作中的事后，很多问题就会变得复杂化。

第二，用专业股权架构控制合作公司风险。

在合作的时候，一定要用投资的专业去组织投资架构。股权架构，能够保证你这个架构方向的正确性，你是利用股权结构来控制这个公司的风险。因为任何公司成功失败，最后都能追溯到股权结构的合理性。当你股权合理的时候就可以抵御很大的风险，当你不合理的时候，这个公司越赚钱越糟糕。

第三，要换位思考，管理合作关系。

这是一个教训或者说是一个体会，股东合作，是动态的，你要去了解你的合作方。你不能期望大家都跟你一样，因为大家所处的环境不一样，成长背景不一样，资金实力也不一样，文化也不一样。要善于主动去了解你的合作方心态的变化，要换位思考，这样才能够更好地管理好这个合作关系。这是王谦刚开始没做好的，但是很快意识到这个事，就去加强了，事实证明这个换位思考是有效的。

第四，商业模式和政府机构的平衡。

寻找系统性解决方案

以上五大问题，相互牵扯，令王谦感到措手不及，也无从下手。就像锤打青蛙的游戏一样，你打完这个那个冒出来，打完那个这个冒出来，你同时打两个，还有第三个要冒出来。

王谦说："2012 年年初，是我们最痛苦的时候，等于是四面楚歌。这么多挑战，同时面对着的时候，我肯定得找到一个系统性的解决方案。但是我当时也不知道找谁，只是我脑子里有这么多问题。"

与万科合作：系统性解决问题（2012 年中至今）

到 2012 年年初，王谦一直在想，必须找到一个系统性地解决五大问题的方案。

他发现，正面解决问题很难，要绕开它，从侧面找到方案。若干年前，他在美国接受的侧面思维训练，现在发挥作用了。他要回到这个项目本身，根据它的规模、它的特点、它所在的城市、它对开发的要求，看到底什么人做这个项目最适合。

王谦最后找到的答案是：万科。

万科

在中国房地产行业，万科是一个领跑者。

王谦对万科的理念和经营方式，也有较强的认同感。

万科 1988 年进入房地产行业，1991 年成为深圳证券交易所第二家上市公司。经过二十多年的发展，成为全国首个年销售额超千亿的房地产公司，中国最大的专业住宅开发企业。销售规模持续居全球同行业首位。

万科在经营中坚持"不囤地，不捂盘，不拿地王"的经营原则，实行快速周转、快速开发，依靠专业能力获取公平回报的经营策略。产品始终定位于城市主流住宅市场，主要为城市普通家庭供应住房。坚持快速销售、合理定价，要求各地下属公司楼盘推出后当月销售率达到 60% 以上。同时，公司坚持规范经营，不追求高利润率。

万科坚守价值底线、拒绝利益诱惑，坚持以专业能力从市场获取公平回报。通过规范、透明的企业文化和稳健、专注的发展模式，成为最受欢迎和尊重的企业。

万科持续增长的业绩以及规范透明的公司治理结构，使它赢得了广泛的认可。

万科：你考虑考虑跟我们合作？

王谦是如何跟万科联系上的呢？

这个认识的过程，也是一个六度空间理论的案例。

作为专业的城市运营商，万科的每一次择址与布局，都是站在深度解读城市的基础之上，以发展的眼光来看待城市的发展。2011 年前后，万科一直想进到徐州来。

当时是万科南京分公司负责市场拓展，一直谈得很辛苦。摸索了一年半，直到 2012 年才在徐州鼓楼区的郊区弄了一块地，那是万科的第一个项目：万科城。

就在这个过程中，王谦跟万科南京分公司的总经理认识了。

2012 年，就在王谦被五大问题困扰的时候，徐州新城区有一块地，开发区的书记，也是市委常委，找到王谦，看他要不要做。当时王谦自顾不暇，实在没精力开拓新的项目。

他说："这样吧，我帮你找找我万科的朋友，看看他们是否有兴趣。"

等于他也在帮开发区招商引资。

王谦跟他在万科做副总的清华同学在杭州聚会的时候说到这个事，同学很支持，马上就把万科徐州的老总耿冰介绍给王谦认识。

王谦和耿冰便约好，去开发区看那块地。

耿冰看了这块地，说："这个地跟我们现在做的鼓楼项目太同质化了，我们就不看了。你在做什么，你的项目是什么？"

王谦于是跟耿冰说了新淮海西路旧城改造项目的情况。

耿冰说，那我们去看看。

看了以后，耿冰一下就开始有兴趣了。

他说："要不然，你考虑考虑这个项目跟我合作？"

王谦当时还没有考虑过跟万科合作，所以对耿冰说："那我考虑考虑吧。"

万科主动提出来合作的意向，完全在王谦意料之外。因为，在此之前，王谦一直想的是自己如何融资，弄到足够的钱，继续新淮海西路旧城改造项目的开发。

海外的钱

当时，王谦正在通过美国纽约私募股权公司的朋友，经英国伦敦的一家融资中间机构安排，希望能从中东融到一笔钱，大概 1.92 亿美元，就是 13 多亿元人民币。

此时，王谦的注意力全在阿布达比投资局和卡塔尔投资局上。

阿布达比（阿联酋七个酋长国之一）投资局是阿拉伯联合大公国的投资机关，世界最大的主权财富基金，资产规模估计在 2500 亿美元到 8750 亿美元。阿布达比投资局成立于 1976 年，数十年来，该机构一直是股权和固定收益市场上的一支重要力量，只是由于它行事低调，所以很少成为媒体关注的焦点。

卡塔尔投资局 (Qatar Investment Authority) 创建于 2005 年，总部在卡塔尔首都多哈，管理资产庞大。由于卡塔尔的经济建立在天然气产业之上，数千亿美元的天然气收入盈余流入卡塔尔投资局，投资局协助将这些资金分散到不同的资产类别中。卡塔尔政府不介入投资局的商业决策。投资局也不对外发布其资产状况。

如何抵达中东金主

如何抵达中东金主，这个过程，也是一个六度空间理论的案例。

王谦通过 MIT 的校友（一度）认识了一个他的亲戚（二度）的亲戚（三度）。

这个亲戚 Alex Hung 是耶鲁毕业的，是之前提到的 Das Equity Investments,LLC 的合作伙伴负责人。他们公司一直想到中国做房地产，他觉得王谦这个人和项目靠谱，就把他们的投资意愿和王谦的需求结合了起来，于是把王谦介绍给公司的老板（四度）。

这家私募股权公司的老板叫达斯（Das），是个印度人。他原来是美国美林投资公司（Mery Linch)的高级副总裁（Senior VP），但是2008年金融海啸时在股票市场被狠狠地重挫了，所以就开始二次创业了。

达斯来过中国，王谦也去了纽约，两人谈过几次，每次都谈得很好。最后，两人决定做这次募集基金（Fund Raising）。

达斯又联系过他的朋友（五度），通过英国伦敦的介绍所（Placement Agent）去跟真正的金主，就是阿拉伯王室的人接洽。

这样，中间相隔不到六个人，王谦跟阿拉伯王室的金主之间，建立起了联系。

王谦如果直接找这个金主投资，这是没用的，他们的钱都是通过一层一层地投下去的。因为这里面都有背书，他们都是有很强大的关系网（network），相互都是经过常年合作的。

阿布达比投资局和卡塔尔投资局要求王谦亲自去做路演，他就去了。路演面对的，绝大多数都是中东人。

路演做完之后，投资局很满意，一个月后决定合作。然后请了英国伦敦的律师，开始做投资计划。

如无意外，这次通过美国私募股权公司的融资就能实现，解决徐州宝盛的资金问题。

这就是王谦跟中东的金主方面的整个融资的过程。

二选一：用海外的钱，还是跟万科合作?

一方面，王谦的融资，已经基本谈妥；另一方面，万科这个时候出现，并提出了合作的意向。

这个时候，王谦就面临一个二选一的问题：

是用海外的钱，还是跟万科合作?

他必须权衡利弊，才能进行判断。

用海外的钱的三点好处和三点不好之处

用海外这个钱有什么好处？

第一，用海外的钱，可以解决公司的资金问题。

第二，用海外的钱，它只是钱，王谦可以继续掌控这个项目。

经历过之前中凯开发的事，对王谦而言，这一点是非常重要的。他说："海外的钱，它只是钱，我可以继续管理，我继续是老大，这是一种掌控。我的掌控欲很强。我把孩子生出来，我想养他。那个时候，我还没有看到自己没能力养孩子，可能会养死了，或者把我自己弄死，但是当时我没有这个意识的。"

第三，用海外的钱，还比较灵活，早点还、晚点还都是可以谈的。

用海外这个钱，有什么不好之处呢？

第一，这个钱只是钱，带来不了其他的资源。

第二，资金到位时间有点不可控。外资进来的过程很复杂，从阿布达比把钱运到中国，要跨过文化的差异，克服文化的差异，外资需要经过层层审批进入中国，这就跟王谦的资金需求时间有一个落差。时间长了，就有不确定性。

第三，资金的投入和撤出，很难把握。这 1.92 亿美元，不会一次到位，一个是成本很高，二个也没有必要一次到位，拆迁、建设资金，都是一点点投入的。但是，如果先到一部分，万一后来对方不投入了呢？有可能是对方的原因，他们被动停止投入，也有可能是王谦方面的原因，对方主动停止投入，不管是哪一种情况，对方一旦终止投入，撤出资金，那对王谦和公司都将是致命的。

跟万科合作，也有三点好、三点不好。

好处是显而易见的：

第一，万科的钱进来快，不像外资需要有个过程。

第二，万科对中国很了解，可以有选择性地投进来，慢慢投也可以，一次性投也可以。

第三，万科有品牌优势，开发的商品房卖价比别人高。

三点不好是什么呢？

第一，万科等于把项目拿走了，就像宝盛生的孩子，要给万科养。王谦认为，自己不是唯利是图的人，做这个项目，也不是纯粹为了赚钱，他对事业还是有很大的寄托的，忙了那么久，现在拱手让人，内心有失落是肯定的。

第二，万科很强势，虽然宝盛是 15% 的股东，但其实小股东跟他合作，基本上没什么地位。王谦一向喜欢掌握主动权，变成小股东之后，可能会没有用武之地。而且，刚刚被他"请"到徐州的陆双强团队怎么办？请神容易送神难呀。再说了，上下铺同学的面子往哪里放呀！

第三，万科的决策方式也比较复杂，它是一个大企业，宝盛能不能适应它的文化，也是个问题。还有，如果万科的做法与王谦当初向政府的承诺不符，怎么办？政府一定会说，由于王谦实力不够，被迫和万科合作，结果造成项目的开发运营偏离了徐州市委市政府制定的方向。

面对诸多困扰，王谦那段时间真有生不如死的感觉，他经常在纸上将各种情况画来画去，试图理清各种情形之间的关系，希望找到一个答案。

个人私欲让位于公共利益

纠结之下，难以取舍，王谦于是给上师吉噶·康楚仁波切[1]打了一个电话。

王谦花了一个小时陈述之后，上师说了一句话，一针见血。

他说："你现在不要把你的个人欲望凌驾于公司的利益甚至是城市的利益、消费者利益之上。"

王谦听了，马上有醍醐灌顶之感。

上师在开导他，他指出了王谦这么纠结的根本原因是什么。

王谦当时就说："我会跟万科合作的。"

这次电话交谈之后，王谦下了决心，做了选择，才与万科全线推进。

1　吉噶·康楚仁波切，DzigarKongtrul Rinpoche，1964 年出生于印度北部一个藏族家庭，《无我的智慧》作者。

此前的五大问题，无法各个击破的，现在迎刃而解了：

股东团队的问题解决了，股东一听是万科，放心了；拆迁的问题，解决了，很简单，不是为宝盛拆了，是为万科拆了；资金不用讲了；政府方面，无论换什么人，一听是万科，基本没问题了，万科 No.1；市场风险，也解决了，就算最不好的时候，越不好，万科的品牌价值越高，除非全徐州的房地产市场没了，否则这个楼盘应该是最后一个卖不动的。

与万科合作

当王谦把跟万科合作这个解决方案跟股东沟通后，股东很快达成了一致。公司的股东，本质上都是非常理性的，也都是非常有经验的商人、投资人，知道这是一个较好的选择。

事实证明，这也确实是一个正确的选择。

2012 年 10 月，公司与万科确定合作。

2013 年 12 月 17 日，成功地把所有土地按照预计的价格全部拿下。

2014 年春节以后，市场急转直下，政府主要领导离开徐州的日期越来越近，项目的管理要求更高。但跟万科的合作，使这个项目走出了困境，回归到它既有的轨道上，并且比宝盛单独把这个项目做下去效果好。

果然，2014 年 2 月份以后房地产一泻千里，这个楼盘却很坚挺，销售情况良好，也印证了王谦当时这个选择是对的。

新淮海西路旧城改造项目现状

现在来到徐州的淮海西路，项目拆迁已经基本上接近尾声，新淮海西路已经贯通，路南的所有地块已经开工，商品房销售已经近 10 万平方米。

道路铺设完毕，路南侧的商铺在陆续建好等待招商。

新淮海西路南侧的住宅项目也已经全面动工。在离淮海西路不远的地方，居民的回迁房也只剩下扫尾工作。23 万平方米的安置房已经进入上房阶段，90% 的拆迁户已经分配到房源，准备搬入新居了。

商业、百姓、政府工程在这个项目里得到了和谐统一。

"美国模式"探索实践依然在路上

徐州宝盛，是王谦在中凯开发中第一次尝试的"轻资产，重管理"的"美国模式"在中国二、三线城市实践的继续。

如果说第一次实践，王谦的工作重心在于"轻资产"，那么第二次实践，王谦则在"重管理"中得到了更多的经验以及教训。

总之，作为"美国模式"的引进者和积极倡导者，王谦的探索实践依然在路上。

第四章
要脚踏实地

当你遇到低谷的时候，如果你的企业核心竞争力不在，只是靠运气，那你就有可能是一败涂地。

拼爹不如"拼自己"

问：从 2000 年前后开始有意进入中国房地产市场，到现在，中国房地产的最近 15 年，你经历了几个阶段？可以划分一下吗？

王谦：我对中国房地产宏观分了四个阶段，但我不是参与了每个阶段。

第一个阶段，是 2002 年以前，你可以没钱也没有专业，但只要是有关系就够了的阶段。2002 年以前的房地产是不温不火的，我那时候没有进入房地产业，也无法参与其中。

第二个阶段，也就是我开始参与的阶段，是在靠关系拿地，但是你必须有钱的阶段，就是 2002 年以后这个阶段。

我在这个阶段所做的事，就是 2003 年第一个项目，给特罗斯基金在海口寻找项目的时候，2005 年之前。

那时候中国房地产刚刚开始回温，所以外国人对中国房地产特别热衷追捧，我那时候想利用这个市场的上扬，就想去把外资拿进来。这个想法跟大形势是符合的，所以特罗斯方面很容易同意。

问：那个时候房地产市场的特点是什么？

王谦：那个时候就是普遍的房价上涨，很快速的。

我切入中国房地产市场的这个阶段，关系依然是重要的，但是你必须要有资金，而且资金必须到位。金钱方面，那时候我找了海外的房地产基金。关系方面，我要去建立关系，所以就通过中凯集团去建立。中凯集团有一套关系，还有我自身的这些关系网。

第二阶段，确实房地产业的势头非常猛，一直往上走，但是由于经历了两三年这个好势头，大家都开始进来做，变成什么呢？变成了第三个阶段，专业变得重要了。

市场就是这样的，竞争激烈了，大家的钱都不是问题了，那专业就重要了。

专业重要的时候，我们就开始想是不是要借助"美国模式"？所谓的"美国模式"就是说通过行业细分，专业的人做专业的事，投资人做投资的事，该管理的做管理，把它分开。我们当时认为，再过三五年，比如说到 2008 年、2009 年，或者更晚一点，迟早要进入这种专业细分的阶段，跟西方一样。

所以，在第三阶段，我们成立了中凯开发。

现在看来，我们那个时候成立得可能稍微早了一点，所以才会遇到很多问题。比如说，没有相关的法律法规来管理制约这种管理公司，由于法律制度的不健全，造成你去拓展业务的时候，对方有很多的顾虑没法儿打消。要消除顾虑，一定要靠法律等手段来制约和管理的。

问：还有一个是不是有教育的问题？大家根本对这个模式都不了解，也从来没有接触过？

王谦：对，其实那个时候由于房地产的火热，很多其他行业的人都想进来做房地产。就像搞纺织的，手上有 5 个亿，他就要做房地产。但是，由于市场上没有这种专业的所谓的管理团队，没有这种开发商，造成他搞纺织的自己要去成立房地产公司。但那时候还好，简单，就是你找一帮人弄就行了。因为那时候主要是市场好，赢利模式上面对专业的需求并不大，没有大到你不得不用专业的房地产开发管理公司。所以，当时，如果我只是把"专业输出"作为商业模式的话，确实是会有问题的。

到了第四个阶段，2008 年，由于金融危机的影响，有一个骤然的下跌，到 2008 年年底房子都卖不动了，恰恰 2008 年年底，春节前又是一个资金需求最大的时候，所以就造成了我们当时的阵痛。结果，4 万亿元进来了，救了我们一命。这个阶段对我来讲，就是一个反思的过程。

问：反思的习惯很重要。

王谦：嗯，我的十大习惯之一——反思。要不停地反思，尤其遇到事情的时候，你千万不要认为你今天靠运气克服这个困难就过去了，不要以为你这个幸运永远在，不可能的。我的反思就是，我不能再那么玩了，那个东西太虚，太依赖于市场的繁荣。尤其是房地产市场，永远是周期性的，当你遇到低谷的时候，如果你企业的核心竞争力不在，只是靠运气，而不是核心竞争力，那你就有可能是一败涂地。因为4万亿这件事不会总发生的。所以，这个时候我个人决定要收缩，在范围上、地域上收缩，但是要深挖，把一个项目做透，要落地。

那时候，因为4万亿来了，很多人又继续享受这种高速发展，不思悔改，又继续习惯性地去认为这个繁荣是没问题的。

授人以鱼，不如授人以渔

问：作为一个创业者，您能不能给创业者一些忠告？一个人创业，他要注意一些什么？

王谦：我谈五点吧。第一，心态要摆正。创业不值得羡慕，也不应该受到排挤，它就是一个职业的选择。当你决定创业的时候，你把心态摆好了，成功失败就没什么。因为，这就是我这辈子选择的一条路。

首先，创业是一种职业，不是一件追求金钱或者特权的事，也不要把它当成纯粹的赚钱。很多人以为创业就是要找做老板的感觉，有的人认为创业就可以赚钱，其实创业和做老板、赚钱不是画等号的。

其次，它应该是一种爱好、兴趣。创业的特点是不确定性很强，不像做一个已经形成定规、四平八稳的事情。喜欢玩心跳的人，就适合创业。在我这里，创业就是玩。我发现我只有这样才能够感觉到人生的价值。或者说，这样才有快感，快感就这么来的，做一些别人认为不可能的或者说难度很大的事，做成了，很有快感，很有价值。

心态摆正很重要，你心态越好今后受到的打击越少，哪怕失败了，也不会太

承受不了。

我刚才就在想，有关创业的书已经太多，有很多励志的书，好像你只要努力一定成功，其实根本不是那么回事。

问：你这第一个忠告其实是一个很中肯的劝告，就是你不要想象你一定会成功，不要以为像市面上的创业书说的那样，努力就能成功。其实根本不是那么一回事。第二点呢？

王谦：第二，不要以赚钱来衡量一时的成和败，不要在乎一时一地的得失，要去做一个长远的规划，把创业当成一个事业来做。

所谓的成功和失败，不要都用赚钱来衡量。你如果把每件事都想成要来赚钱，那就会变得把自己的格局越做越小。

有的事，也许不一定能赚到多少钱，但却能快速地树立你的品牌。

问：有的事情帮人家一个忙，这个忙会不会不知道某一天会变成什么能量，再给你回报过来？

王谦：对。像我们在徐州，我就有这样的经历。我们和政府合作的大龙湖沁水湾项目，就是不以赚钱多少为目的的，结果项目非常成功，得到了市政府的认可，展示了企业的信誉和团队的专业实力，所以才会有政府后来对淮西项目的大力支持。

问：这个案例就说明了不要以钱来定位一时的成和败吗？

王谦：你不要因为你想多赚钱去创业，而是在这个过程中不停地判断，调整格局，就是做一个战略性的部署，要有规划性。要把创业看成一个长远规划。创业要有计划，不要脑子一热就进去，也不要为了现实的目的进去，都不是创业应该有的。

问：第三点呢？

王谦：第三，要为别人创造价值，以这个作为一个驱动力，有服务意识。

我觉得创业就意味着你要去独立地做一件事。

创业就是你有自由了，同时你也少了很多支持了。创业不像在大公司，你没有大公司的品牌资源、系统支持，你必须要有独特的有价值的东西。在创业的时候一定要想好，我为什么可以创业，必须要有一个能给别人带来价值的理由。

很多人创业的时候，老想的是我要得到什么，但我想的是我有什么，我能付出什么，我要找一切机会付出，而且你要有付出的行动。就是舍得的概念。

当然，大多数人创业，首先想的都是赚钱，这很正常，我也没觉得是错。但是我觉得，要有大格局，昨天我还跟一个搞商管的谈到这个问题。他刚刚创业，很紧张，也有压力，他想抓住每一个机会赚钱，总想着从别人那里赚到什么。我就跟他说，你必须得换位思考，就是你能给别人提供什么，你如果不能提供给别人东西，去尊重别人的需求，满足别人的需求，你根本不可能赚到钱的。

我这都是通过实践得来的想法，我也没读过 MBA，我是从实践中总结出来的，感觉受益很深的。

问：还有，服务意识呢？

王谦：对，这也算是服务意识。其实就是你要时刻有准备帮别人的心理。

问：我还有一点理解是，你做创业的项目，不管你做什么，出发点是这个东西的确能带来某种好处。卖房子是为了人们安居乐业，卖情趣产品也是为了让人家生活比较愉快。总还是有一个高尚的理念在引导。否则，如果一个人着眼点只在自己赚钱，就没有任何社会价值可言的了。是不是也可以这样理解？

王谦：对。我以前生怕别人不知道我是地产商，后来才知道地产商就像是一个贬义词。为什么？因为人们认为地产商赚得盆满钵满，却恶贯满盈。但我相信，有追求的地产商能够为老百姓提供真正有价值的东西，同时也能实现自身的发展。我相信，中国的房地产业的专业化的趋势，会使房地产行业更加稳定向前发展，有利于整个行业的成熟建设。到那个时候，我希望自己能够非常自豪地说"我是开发商"，而不用回避"开发商"这个字眼，不用说自己是盖房子的。

问：第四点呢？

王谦：第四，创业要有合作精神。合作中要有包容心，这种合作包容心要特别强。

包容心的基础是，你有一个正当目标。如果你总想着创业就是为了赚钱的时候，你是没法包容的，是没法和别人合作的。

合作意味着财富要分享，合作甚至可能还意味着你承担的风险跟你所得到的是不成正比的。像我，我的角色是一个资源集成商，董事长就是干这个活的。如果我不能够做到先付出，你说别人怎么会跟着我呢？

当你甘愿被人家利用，能被人利用说明你有价值。这就是说要具备合作的能力，你要去学习，怎样合作，看书也好，跟人聊也好，具备合作的能力的人才能创业，否则你会变成单打独斗。其实创业和单打独斗是两码事。很多人认为创业就是我自己干，错了。这俩千万别混在一起，创业是在创造性地做事情，跟自己干是两码事。

不是光有团队，一定要有合作伙伴。我以前也是输在这上面了，之前也走过弯路。

我以前也是错的，我以前就愿意独斗，我懒得跟别人合作，很烦的。但是你的格局就很小，就扩大不了，就只能当个体户。我还是这句话，创业是一个选择，但是在我眼中的创业和所谓的当个体户是两码事。

问：是有更高远的目标吗？

王谦：对，就是把你的价值最大化，但是价值最大化不可能只靠自己，是要有依托的。而且是要有合作的能力，你才能发挥价值。今天如果你没有台湾股东，没有温州股东，你说我怎么弄？今天没有宏璟投资，没有华平，没有杭州工商信托，我想干的活能干吗？

问：那同时也是因为你对他们来说有利用的价值吗？

王谦：他为什么不利用别人吗？就是啊，就是因为你有这个能力，你有这个特质，有这个价值。

问：第五点呢？

王谦：第五点，你一定要有一种运筹统筹的能力。

因为创业不像在大企业，创业其实是很脆弱、很有风险的。刚才我说创业的人最怕短视，因为你经不起折腾。你不像大公司，今天我这件事做坏了没关系，或者说你有100个亿，拿10个亿做了互联网，没了。没了就没了，我还有90个亿。所以，创业的人这方面要谨慎。这个谨慎就是"放下包袱，开动机器"。我前面说的前四点都是"放下包袱"，"开动机器"是什么呢？就是你要思考我今天做这件事有没有可能给你带来灾难性的后果，就是不要有侥幸心理。

问：要思考每件事的后果吗？

王谦：要慎重、谨慎，而且不要存在侥幸心理。但是，恰恰由于创业是你自己在弄，相对来讲比较容易做决定，比较自由，很多人就做了一些。

所以，为什么创业很难呢？因为你如果统筹能力不够，就会有很大风险。举个例子，比如，你为了省点钱，存在侥幸的心理，把真石漆材料改成了涂料，便宜了很多，可能便宜50%，是为了这个项目省钱了，但你可能认为这种公关方式永远都适用。但是你怎么知道没有万一？这种风险是承担不起的。

与时代一同继续向前

2014年11月20日，徐州淮海路上最后一户拆迁户十几口人，与来自开发商以及政府的代表会聚一堂，正式签下同意拆迁的协议书。

这标志着，王谦在徐州四年的拆迁篇章画上了一个圆满的句号。

淮海西路旧城改造项目的顺利推进，并不是2014年年底令王谦感到振奋的唯一一件事。

早在 11 月 2 日，他在上海跑完了自己人生中的第一个马拉松。尽管 2013 年才第一次跑了半马，它却迅速成为王谦业余最重要的运动项目。

他在上海跑，在徐州大龙湖跑，在台北跑，在美国跑，在每一个他能够穿上跑鞋踏出步子的地方跑，从 5 千米，到 10 千米，到 20 千米，到马拉松。

长跑是孤独的，跑者在孤独中可以静心澄虑，思路变得更加清晰和活跃。长跑需要极大的耐力与耐心，因而在结束时令人格外有解脱与超越的快感。

多年来处于不断挑战和重重焦虑之下的王谦，找到了最佳的自我放松与沉淀的方式。

也许是跑步给了他无限正能量，于是，一系列的好事也随之被吸引而来。

2014 年 11 月底，另一件大事又被促成了。

这件事与宏璟资本有关。

宏璟资本于 2006 年成立，总部位于香港，专注于亚洲的房地产私募基金平台，由余华轴先生与菲律宾阿亚拉集团共同创办。

这是一个亚裔的平台，由亚裔团队控股和管理，精通亚洲文化和市场，拥有成熟的投资经验和记录，以及现有的不可忽略的区域关系网，获取不在市场上的项目，是最好的合作伙伴。

他们得到了强大的企业和同盟支持。一期基金阿亚拉集团注资 7500 万美元，二期基金阿亚拉集团注资 5000 万美元。同时获取阿亚拉集团不动产设计、开发和管理的专业知识。"一期基金"：3.3 亿美元的地产基金 (2007 年成立)，"二期基金"：3.9 亿美元的地产基金 (2011 年成立)。

王谦和宏璟的缘份始于 2011 年。当时经人介绍，一个偶然的机会，王谦认识了宏璟资本中国区的负责人。虽然双方彼此谈得非常投机，但由于拆迁等原因，没有能够就徐州项目达成合作意向。

2013 年 4 月，双方就徐州的一个新开发项目达成合作意向，但在土地竞拍时，由于举牌价格超出预期，王谦放弃了项目。双方还是无缘合作。

锲而不舍，金石可镂。2013 年 5 月，王谦将从万科手中沿淮海西路的 85000 平方米街区商业，以人民币 8.5 亿元左右的价格买回来的想法和宏璟沟通后，再次得到宏璟的认可和支持。

王谦事后才知道，宏璟之所以很想和他合作的原因。宏璟的老板余总有一次在香港碰到美国华平的一位执行董事，当时就向华平这位执行董事打听了王谦的为人。华平的那位执行董事告诉他，投王谦一定不会错！

其实这部分商业中，有 3.5 万平方米是宝盛向万科定制的物业。为什么王谦在 2013 年中考虑整体收购 85000 平方米商业呢？第一，房地产市场当时已经明显走低。按照王谦的话，老百姓永远买高卖低，专业投资人永远买低卖高。第二，王谦注意到当时徐州万科非常需要现金流，如果万科将 85000 平方米中的部分商业散卖掉，无疑将大大削弱整个商业的价值。这将对宝盛定制的 35000 平方米商业的价值造成致命的负面影响。第三，万科的长处是住宅地产开发，不是商业地产开发和运营。王谦认为有机会通过整体并购的方式以低价取得这部分物业。第四，4~5 年整体持有，运营这部分商业，在宝盛股东的利益获得最大化的同时，对城市的形象和经济效益也是最有力的。

由于交易对象和结构的复杂性，整个并购项目的谈判历时近 5 个月！宏璟、宝盛、万科最终于 2013 年 10 月 30 日在澳门成功签约。并购总额近 1 亿美元。这也是宏璟自成立以来最大的单笔投资。在整个过程中，王谦再次发挥了桥梁的作用。

王谦开玩笑说："这像是把从前送出去给人做童养媳的亲闺女接了回来。"

"自己生出来的孩子，养到垂髫，实在无力给她更好的生活与前途，于是依依不舍送出去，做了人家的童养媳。好在当父母的因缘际会，终于又在童养媳长成了大姑娘的时候，有能力了，还是决定自己亲自抚养，于是敲锣打鼓又把她接回来。"他说。

为了把这个"亲闺女"接回来，王谦付出了多少啊！他已经数不清，有多少次，他废寝忘食、通宵达旦地忙碌；多少次，乘飞机、高铁在不同城市之间奔波往返；多少次，谈交易谈得被电话黏住耳朵，一个手机电耗尽换另一个继续打……

现在，这一切都得到了回报。同时实现了从住宅地产到商业地产的跨越。

仿佛是为了验证中国人说的好事成双，宏璟资本1亿美元的交易刚敲定，华平基金跟王谦更大规模的资本合作也接踵落实，所针对的是国内很少地产投资人涉足的新领域。

作为举足轻重的投资方，他们的兴趣点并不在二、三线城市的某一个项目，而是在王谦本人，以及在他所代表的地产商的专业化、国际化方向。更具体来说，他们的兴趣点在王谦正在所致力打造的全新商业地产的运作模式。

王谦的眼光转向了商业地产的管理系统。

近年来，随着地产格局的更替和政策的调整，住宅地产的开发开始趋缓，而商业地产市场却焕发出前所未有的活力，进入了黄金发展期。中国商业地产王国已然十分庞大，综合性跨业态的商业中心越来越多，管理和经营的难度越来越大，经营管理的水平对商业地产的经济效益会起到决定性的作用。同时，伴随着2014年移动互联网和电商的突飞猛进，传统商业地产的经营模式遭受严重挑战。为创新型商业地产运营提供了广阔的空间。

如何应对这巨无霸般的产业，是很多豪富手中又烫手又抛不开的难题。

越是难题，越是王谦的菜；越是其他人没做过，没做到的事，越是他兴趣所在、焦点所聚。

他相信，商业地产管理系统将会为房地产企业进行规范化管理和集约化经营起到推波助澜的作用。

他与这个行业，这个国度，与自己的人生理想接上地气的旅程，才刚刚开始。

王谦骨子里是一个进化论者，是一个艺术家。

　　经过十年地产业的浮沉，他对自己的定位不再是画家、建筑师和设计师，但他骨子里仍然是个艺术家，热衷于创新、颠覆和突破。

　　他依然还在进化——永远在路上，永远在往下一座山的方向行走，兴之所至，不知老之将至。

　　他的下一座山有多难攀登，多激动人心，又如何被攀登，也许谁都不知道，答案只在登山者的未来里，等待着。

跋：中国房地产何处去？

房地产市场屡屡成为焦点，它的任何风吹草动，都牵涉到国人高度敏感的神经。为此，中国不得不通过了新的法律，来重新界定夫妻财产。

有人撰文说，高昂的房价摧毁了中国"80后"的爱情。

连丈母娘选女婿的考核内容都发生了重大变化：由开始的"房价多少？"变成"你们那的车库多少钱一平方米？"

相当长的一段年月，地产开发商似乎个个腰缠万贯，风光无限。

本书的主人公王谦坦言，那时从事房地产业的人很少亏钱。

以我狭隘的经验主义判断，这句话具有一般性的指导意义。

然今非昔比。过去一年来，房价下跌已经是不争的事实。由一二线城市进而蔓延至三四线，甚至更小的地方。

一大波信息来袭：各种救市政策不断出台；中国大妈豪赌黄金；转战债券；潜在房奴持币观望；一线城市房价直线下滑……

买还是不买？面对扑朔迷离的房地产市场，很多人陷入了一场类似2008年的纠结。

也许这正是房地产市场自身成熟的标志，由狂飙激进转为步入稳健规范的道路。

也许这只是又一个机会的来临。

不过，它不属于盲目跟风者。"房地产市场同其他市场相比最明显的不同就是，它是一个具有周期性的市场。"

王谦的理性判断正契合市场之规律：没有一种商品价格永远上涨，也没有一种商品价格永远下跌。多年以来，他在地产市场深谋远虑，进退有方，运筹帷幄。每每在风口浪尖，凭借理性的缜密和感性的敏锐，以独有的内力化解各种风险狂潮。在资金狂涌的地产市场，他精益求精，终于练出了"轻资产，重管理"的独门武功秘籍。近 20 年的时间里，王谦左冲右突，以无招胜有招，以不变应万变，终于在地产江湖里开宗立派，开创出一方新天地。

人常说："一入地产深似海，从此节操是路人！"但是从王谦的身上，我看到却是节操之坚守，这是不曾黯淡的理想之光，是深夜中照亮人性的灯火。

马克思曾经深刻揭露了现代社会中的病态：人和人之间关系的异化。资本的背后，掩藏着人被奴役的无奈和残酷。然而，作为在资本中起舞的一个地产商人，王谦却给人以无限希望：关心教育，热心公益，积极乐观，豁达大度，唯独看不到唯利是图和斤斤计较。

读他的故事恰似拳谱秘籍，济世良方。主治：选择性困惑深度症候群，废柴一个的厌学者，蠢蠢欲动、眼冒绿光的投资客，靠励志书打针的大好青年，各种婚前焦躁的急待购房者……以上功能性主治，全依赖于对王谦本人的敬佩及采访，如有雷同或有夸大之处，应纯属巧合。

王谦的成功绝对不是偶然，笔者总结梳理后发现王谦的成功同时兼具了以下几个元素：

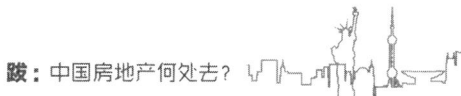

一、问　道

求学问道，诸多法门。

孔子曰："人能弘道，非道弘人。"

王谦的法门是特立独行，他弘道的想法，是天外有天。

1986 年，他升入清华大学建筑系。那时社会管大学生叫"天之骄子"。

这种感觉，用我一个老师的话说就是走起路来，脚下好像总有清风一缕，额头上阳光也总在跳跃。听完她说的话，我仔细回忆了下大学生活：清风固然有，但是在树梢，阳光在额头也有，但那是在运动的时候。

我并不怀疑，在那个年代，天之骄子王谦在清华曾有过的美妙感觉。这种感觉不是天天课堂刷手机，课下打 dota 能感受到的。

清华的日子，是将高考的压力释放殆尽。该学习的学习，该恋爱的恋爱，该锻炼的锻炼，一切都是事物本来的样子。

没有网络的时代，应该是没有过度熬夜的黄金时代。

如果不出差错的话，王谦将在清华待上四年，然后交上漂亮的一幅毕业设计作品，从哪里来回哪里去，为社会主义建设踏实贡献自己的聪明才智。

但自幼所受家教塑造了其特立独行的性格，在图书馆翻了一年书后，他不由得对大洋彼岸的美国建筑学产生了好奇。

彼时，改革开放的小风飕飕地吹着，国内建筑教材的乏善可陈，教学方式的刻板陈旧，已经无法按捺住王谦一颗骚动的心。

内心的一丝念头如星火燎原，继而大火熊熊。于是他毅然于 1989 年从清华大学建筑系退学，一心奔向美国。风华正茂的年纪，他激情满怀，对前途和命运充满了期待。

王谦在自己的字典里写了四个字：只能成功。

联系学校，办护照，考托福，一系列程序走完，王谦大概用了不到一年半的时间；经历了 3 次被拒签的折腾后，终于拿到签证踢开美国学校的大门。

人生多舛。王谦仰望苍穹，思考命运，升华自己，万千人流中，奋力转身投入美国的怀抱。

在 20 世纪 80 年代出国大潮中，他对清华的放弃，以及经历的故事，一旦植入时代的背景就像茫茫的雪原偶然留爪。然而，回忆当时的心境，王谦感慨良多，似一时发狂，又如高奏凯歌。

爱折腾的人，自我管理和抉择能力一般都异于常人。王谦退学的经历，深刻体现着这一感性的认知。

在猎猎的时代大旗下，他的折腾之路却沐浴着近代以来西学东渐的微风，是建立在理性基础之上对传统的反思。

王谦幼时的受教方式，我称之为"放羊式教育"。这个概念并不新鲜，但是直接形象，羊放到草地上，爱吃啥随它的便。其本质上契合卢梭在《爱弥儿》中的教育精神：培养独立的个体及精神，而非教化。

他一路走来，爱好众多：喜欢学日语就学；喜欢没事画两笔，反正孩子的世界总是色彩；喜欢无线电，好，家里的电视机有本事就拆了。既不用担心挨鞭子抽，也不用担心动画片看不了。写到这里，我觉得王谦简直是幸运极了。这样宽松的家庭环境并不是人人都具备的，对比之下该有多少人为自己的童年心酸不已呢。

所以，他最后总结出了跟众多成功人士一致的道理。

一是努力，二是运气。

苹果落下来砸中了谁的头，谁对这个苹果有了宇宙般宏大的好奇心，两者都很重要。

爱因斯坦曾说"想象力比知识更重要"。数年的美国教育，培养了一个充满创造力的王谦。其于 1995 年、2003 年分别获得美国麻省理工学院建筑与城市规划、房地产开发与金融双硕士学位，当初的梦想已然实现。

好比武侠小说中练武的过程，王谦已经打好了根基，练好了内力。接下来的镜头画面应该是江湖风云中，一名侠客仗剑缓缓行来……

带着对事业的雄心，迎着对兴趣和未来的向往，王谦转战表哥的地产公司，美国小城市的规划局，知行合一，勇于实践，武功与日俱增。

一个理性而完整的人，能够将知识与实践很好地统一起来，从而达到内在的和谐。康德曾在《判断力批判》中，致力于解决二者之间的鸿沟，也就是马克思所说的必然世界和自由世界的统一，也许这就是教育之道。

过度倚重西式教育之法，而对传统教育缺少汲取，是当下教育的问题所在。在王谦的身上，我似乎看到了这种冲突，然而更多的是融合。教育没有完美。翻看一大堆教育的书籍时，我们往往会陷入一种非常矛盾的怪圈。如华裔美国人蔡美儿，其严厉方式教育子女获得成功的话题，引发了社会广泛的关注。她被冠以"虎妈"的头衔，"虎妈"甚至成了美、中教育之间一个颇具争议的符号象征。

探讨王谦的受教育之道，我明白了一个基本的辩证关系：传统儒家教育和西方教育理念相辅相成，缺一不可。

如他这般时时怀有一颗赤子之心，以简单质朴的情感拥抱红尘滚滚的世界；如他这样一直在工作中精益求精，以忘我的状态投入到宏伟的志愿当中。

二、审美

建筑师关于世界的梦想具有令人赞叹的崇高性。人类曾无数次让这个世界变成废墟，然后又于废墟当中再次创造生存的奇迹。螺旋形循环往复中，人们对空间和时间进行着一次次美丽的尝试。

我们需要好房子，需要温暖接地气的建筑。在它面前，人可以诗意的栖居，能感觉到自己真实的存在。而不是各种奇葩怪异的建筑。

王谦在未成地产商之前，是一名建筑设计师，如果他一直从事设计的话，我相信将是一个脱离了低级趣味的，敬业的，有大爱的建筑师。

康德曾把纯粹理性和实践理性诉诸审美，并称之为判断力。沿着这个方向人在必然王国和自由王国之间，才可以达到真正的和谐。

那么什么样的建筑才能满足康老师的这个命题呢？

好，现在开始考试，Allan 老师布置题目。

"设计一个幼儿园"（没有要求，随你的便，你走访幼儿园也好，宅在家里凭空想象也行。其他要求跟国内一样，也要记得署上自己的大名）。

作为善于考试的中国人，更善于设计建筑制图的王谦，这就是小菜一碟。幼儿园，几个教室，几个厕所，几个走廊，好，功能全部配备齐全，作业上交。

考试结果，他得了一个"B"，很一般，用我们的话来说是"差不多"。这对于自负的王谦无异于当头棒喝。

他在乎的不是结果，而是背后的原因。而老师的解释让其心服口服。

表面上看这是中美教育之间存在的差异性导致的，其实更深层次的是对待建筑物属性的认知。人和建筑物达成的内在和谐，体现着建筑设计师的人文关怀。单一

的建筑物必须富于人文关怀才能称得上好的建筑。

王谦的这个作业，是值得认真思考的作业，特别是在今天蓬勃发展的地产行业。即便作为一个外行，我也能感受到这份作业的启迪意义。

一个好的幼儿园，首先应该是一个美的幼儿园。美丽是我们内心的感觉，是与外界达成的和谐。一个用心的建筑作品首先是散发着温暖气息的，建筑物本身充满了生命的美好期待。这个道理，非常接近中国哲学看问题的方法。它告诉我们看问题，要从心出发，从内向外。只有顺着这个思路，建筑才能成为一门真正的艺术，幼儿园才能成为小朋友和家长的最爱。

而王谦当时所做的恰好是从外向内的关怀，整个建筑物先存在于设计师脑海中，而不是居住者。他过于客观理性的思维，限制了其创造力的发挥。

谈到创造力，我们不免听到过多对中国教育模式的批判。诚然，其存在问题多多，传统文化固然缺少创新精神，却从不缺这种人文思想。国人历来主张天人合一，上风上水之地乃居住的首善之地。对于建筑物的营造，处处体现出了这种思想。

王谦交出的作业不够理想，我想，这不是传统教育惹的祸，也不是西式教育的结果，而是两者结合得不伦不类，导致了我们在实践当中犯了舍本逐末，急功近利的错误。

好学如王谦者，在这份作业中，也只是具有了工具思维，没有体会到建筑物和人的结合应该采取何种方式。

为了提高自己，王谦重新做了一份作业。不是为了得到更好的成绩，而是为了这不能忘却的纪念，更重要的，我想可能是对这种培养理念的纪念。

这是教育当中"匠"才的培养理念和具有创新思维要求的差别，也是签多少"考试承诺书"也换取不来的宝贵理念。

今天，我们仍在努力推行城镇化，大量的人口涌进城市，城市趋向臃肿肥胖，乡村渐显消瘦。与此同时，建筑之粗鄙比比皆是，居住之地，只是一个睡觉的地方罢了，何谈人类的梦想呢。

推开尘封的窗户，在膨胀的城市街道中，人潮如涌。他们的头顶，一缕阳光偶尔从超高层建筑斜射下来。人们仿佛这才想起，这条街区又多了一些庞然大物。

它们的存在昭示了 GDP 飞速发展，显示了这个国家的雄心壮志。超高层建筑的增长，几乎成为一场竞赛，然而却没有获胜者。在这个时候，我总能想起王谦设计的那个幼儿园，以及他极其认真的态度。

在一片水泥森林中，个体生命的存在何其渺小。当我们试图去辨认街区，寻找那亮着灯火的家，是否能够像一个孩子欣喜地走入那个充满温情的幼儿园？在这个为他们营造的家园中，因为有心，有爱，所以它是一切。

三、情怀

曾子说："士不可以不弘毅，任重而道远。"

修身、齐家、治国、平天下。在一个普遍遭受物化的现代人群中，其更具有醒世意义。君子穷则独善其身，达则兼济天下。这些情怀体现着人类至高的精神追求和价值实现的最大化。在我看来，王谦具有这样美好而伟大的情怀。或许更多人愿意称之为"理想主义"，这是对命运的积极预设。

最新的量子力学已经证明，我们最好对自身命运抱有最好的期待。积极的情绪散发的能量远大于消极的情绪。一个人处于积极状态时，心脏所释放的电荷远超失落时。

心想事成，绝非一句空话。从不服输才可以带来正能量。

这个世界属于目标远大的人，属于敢于想象的人。

每个能在俗世中实现自我的人，几乎无一例外拥有梦想。上帝只给了人类这样的进化特权。毫无疑问，寄希望于明天，寄理想于未来，就是造物主对人的恩宠。

在中国地产市场上，不乏空想主义者，也不缺理想主义者。但能将理想与现实结合，实现华丽的转身，王谦可谓典型。

我们只能说，王谦人品总是好到爆棚。

在 2003 年之前，其担任加利福尼亚房地产投资公司 Sicco 执行总裁。在 2006 年通过与上海中凯企业集团合作成立上海中凯房地产开发管理有限公司，在不到 2 年的时间内，他在中国 8 个城市成功启动房地产开发项目超过 11 个，获得了平均 IRR(内部收益率，Internal Rate of Return)25% 的优秀业绩。

梦想引领现实的征途上，王谦一路狂飙猛进。

从回国的形单影只，到资本市场的一呼百应，特别其负责开发的徐州 100 多万平方米的城市综合体项目，凸显了其能量的巨大。更重要的是，在这次拆迁当中，我看到了一个理想主义者与现实的对接。

众所周知，拆迁是非常令人头疼的问题，动辄就会成为矛盾爆发的导火索，进而成为舆论关注的焦点。

2007 年，他第一次来到徐州。面对的不是新城的营造，而是旧城区的改造。这在国内是一个复杂的现象，因为其中有着极其复杂的问题。一方面，老城区急需改造；另一方面，政府却热衷于建设新城。

在徐州项目上的困难超出了王谦的想象。但他成功了。

融资、沟通、协商，王谦使出浑身解数，一路披荆斩棘，最终功德圆满。

当地老百姓感动之余，为其写出了一份感恩的总结，录全文如下：

西风烈，雄关漫道真如铁。

钉子户难拆，钉子户烈，最后100%都感谢。

危房区被改造，进高楼眉眼笑。

原来兄弟住一起，现在各自有新家。

住进新房不花钱，见了笑哈哈。

怎么不感谢，哪个不感谢，幸福千万家。

当初刁难不像话，真情实意解决它……

王谦也给自己总结了一下：

"老百姓肯定会感谢我们的，我可以这么讲，钉子户也好，不是钉子户也好，100% 老百姓都感谢。他原来住那个房子，叫什么房子啊。卫生条件差，都是棚户区，有的甚至是危房区。可以这么讲，现在都住高楼了，不住高楼的，拿钱买别的房子了，对吧？原来兄弟之间住在一起，现在都分家了，都有房子了。他怎么不感谢，没有哪个不感谢的。即使刁难你的，多得一点，也都感谢。可以这么讲，一听政府要拆迁了，家家户户都兴高采烈，高兴起来了。"

可以说：徐州项目的成功，是开创性的成功。王谦在重重困难之下，为老百姓做了一件大好事，他理应获得赞美。

在资本之刀狂舞的背后，照亮的是王谦的情怀，不仅仅是金钱和权力，还有对他人沉甸甸的责任。

在文学作品中，理想主义往往化身大侠，为国为民；在现实中，我更愿意把理想主义理解为具有高度社会责任感的人以及能在俗世当中自我价值最大化的人。

当我们把中国传统"士"的情怀与西方的英雄主义对接时，更容易看到王谦情怀的可贵之处。

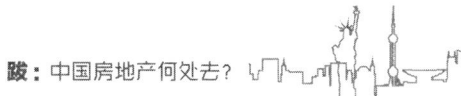

一个麻省的硕士，一个美籍华人，来到中国徐州，扎根棚户区。从2007年到2012年，奔跑，跌倒，再爬起……

这是一种什么样的精神，这是一个什么样的人。

我想，看着老百姓一个个搬进新房，那喜洋洋的笑容，王谦已经看到了幸福的缩影，这一切的磨难已经有了最满意的答案。

种善因，得善果。在普遍存在于世界的因果关系当中，王谦从容转身，以柔克刚，以个人的独特魅力和真诚赢得了属于自己的尊重。

理想永不消退，自我完善没有止境。

王谦的确创造了他生命中一个又一个奇迹。这让我确信，只要精神世界广阔，无论他从事何种工作，都会发现自己的快乐；无论身处何地，他都会活出自我。

王谦并不孤独。

与他同行的地产人还有很多。正如万通董事长冯仑在其书中自我阐述的那样，他们有着这样共同的特性：有着资本家的工作特性，无产阶级的理想主义情怀，士大夫般的精神享受。

也许这就是他们的追求，也是自我情怀的完整流露。

身处于一个屡屡被人诟病、动辄就会成为舆论旋涡的行业，他们却轻装简从，急流勇进，秋天来临时，落叶掩盖了拼搏的身影，映照起了漫天霞光。

四、有效沟通

对谈时，王谦是一个乐意沟通，并且善于沟通的人。

更多时候，他是桥梁，是纽带，是话题发起人，也是终结者。

正像那句俗话所说的，我们只看到成功者的光鲜，却很少看到其背后的辛酸。

每一次有效沟通的背后都隐藏着分歧和矛盾，解决矛盾的过程是一条充满艰辛的道路。

好，现在上一堂有效沟通课，由王谦老师主讲案例。

案例 1：

进入 21 世纪，中国房地产市场呈现出一派欣欣向荣的景象。这引起很多国外投资公司的注意。但是由于缺乏有效的沟通，大多数公司进入中国以后面临诸多问题，难以取得相应的业绩；另一方面，本土企业却急需国外的先进管理经验和资金支持。在这种情况下，王谦充分发挥个人优势，于 2006 年把美国华平集团拉进了与国有控股的上海中凯企业集团合作的道路，把全球领先的私募股权投资公司与中国本土的企业有机结合起来，创造了一个成功的范例。

请回答问题：

王谦本人的沟通优势在哪？（10 分）

答：王谦在中国生活学习多年，了解本土文化，回国后与本土企业交往具有一定的经验；同时，他在美国留学多年，了解美国企业经营合作理念。他充分发挥两者优势，消除了合作中理念带来的隔阂和冲突。（4 分）

具有专业化背景，具有和客户相近的科学理念和服务意识，不唯利是图，具有较远的目标图景。（4 分）

用王谦的话来总结一下就是"见什么人说什么话，到什么山唱什么歌"。（2 分）

案例 2：

某公司向某个客户发电子邮件，通报一些业务往来情况，要求客户予以配合。过了一段时间，该公司并没有收到客户的回复，影响了公司的业务进程。后来去电咨询，才知客户没有查看邮箱。于是该公司吸取教训，改进服务意识，发电子邮件之后，

再发手机短信确认，如果没有回复，然后再去电询问，定期催促，并将之固定为事情的一个程序，直到此事完结。

请回答问题：

从此案例中总结出有效沟通的要件是什么？试列举。（10分）

答：1. 强烈而精准的服务意识。（3分）

2. 高度的责任心意识。（3分）

3. 合理分配和管理时间，对自己的时间进行优化安排。（4分）

案例3：

2007年，王谦来到徐州负责开发旧城改造。当时面临的问题很多。拆迁进行得不顺利，有很多原居民不愿意搬走。由此导致的后果是，资金链面临断裂，合伙人的信任程度下降，无法继续完成下一步的合作；政府要求改变建筑外墙涂料，却迟迟不给资金。面对这些复杂的问题，王谦对症下药。他先后说服了拆迁区域从事各种行业的居民，纠结闹矛盾的合伙人，市委主管领导。最终，徐州开发项目取得巨大成功，也成为其地产行业经历的成功标志。

这个案例，我没有问题。因为带给我的反思远远超过问题。

我见到很多人像树一样，几年不见就变得遮天蔽日。王谦在徐州项目中左冲右突，奔走劳碌，使自己逐渐成长起来。如果刚回国时他是一棵好苗，徐州项目的成功之时他已经是挡风的大树。

他有耐心，懂得以柔克刚。即使钉子户，也被他的执着感动。

他讲道理，重事实，能真实地向别人展现最明白的自我，让人感到踏实。

他尊重他人，有着"我为人人"的服务意识，从而赢得了领导的信任。

在共同的目标驱使下，他往往能抓住最核心的部分；在不发生寻租行为的前提下，又能通过与政府的资源置换，很好地解决难题。

从此，王谦轻车熟路，怀揣着地产商的理想情怀一步一个脚印。

2012 年，徐州 100 万平方米的淮海西路开发完成。融资、合作、谈判、拆迁，王谦有条不紊，内力绵绵不绝。

2006 年至 2009 年，作为应邀嘉宾多次参加东方卫视举办的《头脑风暴》地产专栏。

广东中山市 80 万平方米的航天文化产业智慧新城落成。

宿州 160 万平方米新城市文化中心正式完工。

王谦如鱼得水，上至高官，下至黎民百姓，协同当地合伙人和万通地产的冯仑共闯江湖。

2008 年，由美华平集团发起负责组建中华房地产投资与开发商会并担任第一任秘书长，我想不需多言，这个角色已经是最有力的证明。

2008 年被誉为中国十大创新人物……

光芒闪耀之下的王谦，一如既往淡定。在总结以往的经验时，他突出强调了"有效沟通"的魅力所在。

所谓"有效沟通"，是通过听、说、读、写等形式，通过演讲、会见、对话、讨论、信件等方式将思维准确、恰当地表达出来，以促使对方接受。

有效沟通是一个广受关注的问题。哈贝马斯在其《交往行为理论》一书当中反复论证了理性交往，可视为王谦所强调的沟通有效性。从哲学上来看，导致人们交往无效的原因很多，最直接的是金钱和权力。二者都要求有效率的运作，以工具理性作为运作的准则和目标。

不幸的是，这种工具性的思维，随着社会的发展，金钱与权力的制约机制逐步渗透到其他生活中。

人们在日常的工作中，特别是在娱乐、教育、家庭等事务中也以金钱和权力作

为交往的媒介。这样人们逐渐把周围的环境，包括其他人在内，都当作一种达到个人目的的工具，从而导致了"生活世界的殖民化"。

可以看出，阻碍有效沟通的要件构成主要是我们的生活日益沉浸在一个物化的世界，从而使我们的思维带上了工具的强烈色彩。而人类一向推崇的自由、平等和真诚等情感，被淹没在交往过程当中。看似各种理性的计算，恰恰为人们的交往设置了最不理性的障碍。

王谦不是哲学家，不从本质上思考这些麻烦的问题。他是企业家，善于直接解决问题。有效沟通不仅仅是技能体现，更是一个人对本身知识能力、表达储备、行为能力的发挥，是企业竞争力的核心要素。

五、人脉

关于人脉，词典上给出了温情脉脉的解释——

在人们追求事业成功和幸福快乐的生活过程中，有一个类似血脉的系统，因此称它为人脉。

在我看来，人脉是一门高深莫测的学问。好的人脉，"草根"练成"高富帅"，"矮矬穷"变成"白富美"。人见人爱，花见花开。大部分创业成功者，都是把握人脉的高手，王谦可以归结为此类高手。

马克思说，人的本质是生产关系，生产关系是在生产过程当中结成的人与人之间的关系。人脉就是此种关系的一种表达形式。

顺着历史唯物主义的逻辑，溯本清源，王谦的人脉关系学找到了接近本质的答案。这是一门培养正能量的学问（前提是你得懂得中庸之道，方能成为高手）。生产关系的改进无疑会刺激生产力的发展，人脉的积累，无疑对一个人的事业发展有着良好的促进作用。

正像人类的发展一样，经历着从原始社会到共产主义社会的嬗变。王谦的人脉线路也呈现出日益精进的局面。

在这条道上，想练成绝顶高手，并不是特别难。但是，它不需要搜罗万象，将各门派武功招数一网打尽，也不需要葵花宝典，先自废，然后精进如斯。看了王谦的功力后，我觉得就像练降龙十八掌。

看看王谦的"人脉十八掌"是如何练成的？

第一式：大海无量，天才也要勤奋

这招是博取众家之长，门户自立的基础招数。

练成时间：约 8 年。

收费：自费。

训练地点：大学校园。

主要训练内容：1989 年，王谦怀着对大洋彼岸的向往，选择了在西南路易斯安那大学完成本科学业。

这时候的王谦同学，勤学苦练，拿出了老祖宗头悬梁、锥刺股的精神，硬是把一天变两天，五年的学习只用了四年时间就轻松搞定。

谁说的，天才就是多少多少的勤奋加那么一点点灵感！

1992 年夏天，不幸的他遭遇车祸，小命差点儿玩完。

此事过后，王谦同学闭关自省了一个暑假。道家静坐加瑜伽冥想，总算把前段时间的生命意义搞清楚了。

暑假过后，满血复活。

迎着密西西比河吹拂的晨风，王谦又开始继续练功了。这次的目标宏大高远，麻省理工学院建筑与规划学院攻读硕士。

1995 年拿到学位后，又于 2003 年在麻省理工学院获得房地产开发与金融学硕士学位。

这不是普通的学霸，王谦已经具备相当的实力。

第一阶段收工，他根基扎实，学业有成，展翅欲飞。

亲爱的麻省同学们，我轻轻的走了，正如我轻轻的来。

在遥远的东方，如火如荼的房地产市场上，我们将再次相逢。

第二式，一定要自信，一定要舍得

练成时间：约 10 年。

收费方式：自费及其他。

训练地点：表哥公司、系主任办公室、校园任何地方。

1989 年到 1992 年，每年暑假，他都去表哥在美国加州洛杉矶的地产公司实习。这个公司的起落，让王谦很早就意识到了市场的周期性及变化无情。

他在与各色人种打交道的过程中，积累了人脉交往中宝贵的经验。

合伙人，融资渠道，管理模式，法律法规……

车祸之后，只身一人跑到麻省理工学院，在托福没有考过的前提下，毛遂自荐，说服招生办主任允许他留在了麻省理工学院开始攻读硕士。

这是神来之笔，是王谦对自我的肯定和执着，感染了研究生处的负责人。

以后他还将沿着这条路走下去，感染更多的人。

有一个人脉营造插曲，不得不提。王谦擅长绘画，具备艺术天赋。读书时，其画作已在校园小有名气。建筑系主任知道了这件事，喜欢上了他的画。按照老美的思维，立刻表示要掏美金买下一张，好回去挂在厨房，好让他做菜的太太做饭时，也能感受艺术的熏陶。

碰到这种校领导跟你买东西的事，中国人一般习惯自我谦虚客气一番，受宠若惊的把画送出，然后，望着领导远去的背影。

或许带着丝丝激动的语气说，欢迎下次……

王谦入境美国多年，自然懂得老外的规矩是不一样的。

有人赏识，自然春风得意，他给父亲挂了个电话，无他，求表扬。

俺吃的盐比你走的路多，过的桥比你吃的面多，老父一顿批评加鼓励，加指点，总算让他明白了。

舍得。此中有真意，欲辨已忘言。这是人脉的境界。

他二话没说，谨记大洋彼岸老父教诲，把画送给了主任。

附带捎话两三句"主任，中华乃礼仪之邦，画乃高雅之物，购之不雅，送则脱俗——王谦"

"OK,OK,you are great！"好的，王谦同学，我已记下你的名字。

毕业季，在系主任的鼎力推荐下，他成功进入路易斯安那州 Lafayette 市的规划局实习。

据说，这是有史以来聘用的第一位中国人。

在规划局，王谦进入加速轨道。

他心怀感恩之心，开始为他人着想更多。这一理念，一直伴随着他之后的地产生涯，历经磨难，不曾改变。

强者为人人，弱者为自己。

好，第二阶段练功结束。我们见证了王谦同学的成长，也祝贺他通过了考试。成绩不错，接下来属于他的时代很快就要到来。

第三式，在家靠父母，出门靠朋友

长期的求学生涯以及飘泊不定的生活，使王谦具备了处变不惊，随机应变的能力。

在进入旧金山一家设计公司 KMD 后不久，王谦就宣布辞职。

苏格拉底说"不经过深思熟虑的生活，是不值得一过的生活"。异乡的凄风苦雨，不时飘过王谦的心头，慎重考虑之后，他回国了。

他的人脉功力已具火候。任何两位素不相识的人之间，通过互留联系方式，总能够产生必然联系或关系。

第一个与王谦合作的是其清华加麻省的双料校友，曾就职于摩托罗拉中国总部的物管部。彼时摩托罗拉如日中天，到处跑马圈地，雄心勃勃。

据心理学家研究，任何两个人之间要建立一种联系或者产生关系，无论这两个人生活在地球上任何偏僻的地方，他们之间只有六度分隔，最多需要通过六个人（不包括这两个人在内），就能够实现。

我们也不必为自己不认识其他人着急，同理，你想认识某个人，是很容易的。按我的经验，好多时候不需要六个人，只需要微笑着问一声"你好！"世间多少陌生，冰雪就此消融。

地球是如此之小，一直在我们的内心轻轻旋转。

第四式，开宗立派

为他人服务，企业的目标不仅是利润最大化，而是要利用每个项目营造品牌，拓宽渠道，能够更有效、更多的为客户提供自己的价值。

更重要的是，身体力行参与其中，体会其中的挫折与快乐。

流汗的人比终日无所事事的人，吃得香、睡得好。

企业的负责人做出的榜样效果，远远超过多次的口头训导。王谦是这样做的，也是教员工这样做的。

他了解并尊重当地文化，在中西之间架起了一座桥梁。

语言、尊重、宽容、理解，这些是人脉的精华所在。

2003年到2012年，王谦在中国房地产市场，一路前行，哪里需要他，他就去哪里。事实印证了他对自己的判断——

"我的优势是中西结合，我就是一座贯穿中西的桥。"

这十年，王谦曾迷惑于一时得失，困倦于来回奔波。

这十年，王谦不曾放弃，他的人脉资源如资本一般不断累积，中凯、华平、万科、杭州工商信托，与这些公司的合作总是闪耀着其隐性的魅力；北京、上海、广州、海南、江苏、河南、浙江、安徽、江西、陕西，处处留下了他忙碌的身影。

我们都认识了王谦，因为他一直带着微笑在那里，让开发商与建筑商，让拆迁者与被拆迁者，各取所需，各安其所。

王谦遇到的困难是无法用笔墨一一描述的，但是我知道一个地产商人在中国地产市场必备的招式，王谦已经练习完毕。他不卑不亢，不骄不躁，不偏不倚，虽非圣人，却已得高人传授。

在这条建立人脉的功夫之路上，他打通官场、商场、江湖之间的通道，好比打通了任督二脉，从此进入新的境界。

如果你也练好这四招，那么恭喜你！你已经学会了一套组合拳：运筹、系统性思维、运气、资源整合，剩下的事情就是扬名立万了。

但是，王谦并没有到此为止，更重要的一招是"无招胜有招"。

人脉固然是学问，但是如果没有人脉也能按部就班地做事，遵守法律、规章和制度就能办好事，则比过于看重人脉所达到的效果要好得多。

"虽然在现实中，那些赚到钱的人都是会搞关系的人。但我仍希望那些靠关系赚钱的人越来越少！"

"依靠别人，只能说明我们自身不够强大！"

也许这才是王谦对于人脉功夫的真正理解。

六、理论

还有比学理论更枯燥的事情吗？

答案是，有。

比如：制造理论——写论文。

王谦估计不会制造太多理论，企业家好像不需要听取太多的聒噪。

但我不得不承认，学习理论，并不断地接受一些理论，显然对个人的生活具有改进作用。长期以来，国内的大学生已经形成了轻理论，重实践的风气。这样的确不错，传统教育的根本就在于实用。

但这带来的问题也显而易见。

过于讲究实际，则会导致急功近利。

不可否认的是，当下社会价值观的扭曲，功利主义的盛行，已经到了一种匪夷所思的地步。它甚至盛行于大学校园，拜金主义者满是铜臭的气息，令人不屑又发人深思。

学点理论，学点看起来无用的东西，是每个人在学校受教育的意义所在。

理论无用，但不学好理论是无能的。

这是人类积累的智慧，只有好好对待它，潜心吸收它，我们才可能比别人看得远一些、清楚一些。

王谦刚到美国时，也曾遭遇类似的问题。

由于他刚从国内来到美国，面对花花世界，茫然无所适从，傻小子一个。表哥就建议他进入自己的房地产公司，放开拳脚，大干一番。更何况当时，美国房地产市场欣欣向荣，一派大好景象。

这无疑是一个非常诱人的机会。

美国读书不仅花费高昂，甚至毕业后可能失业。学习一大堆空洞的理论是否有用武之地呢？王谦心里没有谱。

为了不让父母失望，并获得想要的学位，他拒绝了表哥的提议，但是也接受了表哥的好意，每年暑假去他公司打工实习。

晚上自省之时，王谦抄录老子名言以自勉。

"为学日益，为道日损。损之又损，以至于无为。无为而无不为。取天下常无事，及其有事，不足以取天下。"

一切求学的拦路虎都要及时去掉，更要面对自己，去掉浅薄，戒掉偏见。打破常规思维的束缚，才能走上正道。

他好买书，好读书。《毛泽东选集》是他精读的作品之一。

墙里开花墙外香。反思当下一些大学生对待毛泽东经典著作的态度，让人不胜唏嘘感慨。

一切历史都是当代史。

王谦曾经开玩笑说，毛泽东思想管理企业，战无不胜，攻无不克。MBA 应该把《毛泽东选集》作为教材，深度解构，兼收并蓄。

这方面，他不是前无古人后无来者。曾经的中国首富宗庆后也是毛泽东的超级粉丝。当然，毛泽东的粉丝团早已不局限于国内，在大洋彼岸也有众多人在研读毛选，剖析人生战略。

我想，伟人的意义在于人们能从他身上，发觉不同的自己，像毛泽东所说的那样"戒骄戒躁"，成就自己。就像马克思在其鸿篇巨著《资本论》里，以极其严密的逻辑，论证了政治经济学的合理性存在。

中国房地产市场将走向何方，很多时候不仅仅依赖于看不见的手，还有政府的

宏观调控政策。

精研理论，就可能对中国地产市场周期做出正确的决策。

2008年，一个令地产商备受煎熬的年份，王谦也曾深陷资金链断裂的窘境。好在，他已经练就了自我。

七、专业

曾经引发全民躁动的地产市场，如今已经退去了邪火，正逐渐变得安稳。这一切都预示着市场的成熟，而成熟的结果就是分工的细致化。

王谦的春天才刚刚来到。

他倡导的美国模式"轻资产，重管理"，正适合当下的成熟市场，很多人将面对这一理性的模式，并在资源浪费最小的情况下，提升利润的最大化。而王谦管理专业，分工细致。这是现代社会值得自豪的理念。

王谦有理由自豪，他一直在坚持，以一个超前者的姿态，搭建了重管理的平台。早在路易斯安那州的地方规划局实习时，他已经意识到了美国房地产模式的成熟。

2003年开始，他在中凯集团开始了这样的实践。

对于自己的角色，他这样定义。"是买办，标准的买办，替外国资本家在本国市场上服务的中间人和经理人。"

需要资金的中国房地产市场，立刻对这位买办产生了浓厚兴趣。

中凯当时的董事长是边华才。

他需要美国房地产开发模式的流程，王谦需要了解国内地产开发的每个环节。

设计、融资、政府关系、拿地，到销售，到物业管理。

经历了8个月，王谦终于把课全部补齐了。

一个麻省的双学位硕士，一个本可以成为建筑师或国际投资公司高管的优秀人才，开始正式进军中国房地产市场。

君子爱财，取之有道。正像他做的那样，理想的实现，情怀的显露，不仅仅是专业的配置，而是愿望图景和自我价值的统一：无论做什么事，都要做好。

那就放开手脚一搏吧！

2006 年，上海中凯房地产开发管理有限公司（简称"中凯开发"）成立，注册资本金人民币 5000 万元，王谦正式出任执行董事兼总裁。这个公司给中国地产市场提供了一种非常前卫的服务。"我们为投资人和消费者提供专业的房地产开发管理服务。"王谦这样教导他的员工。

这个轻资产的公司模式，就是通过提供服务，向项目投资商收取一定的服务费用，实现自己的利润，它的另外一个功能是房地产风险投资及不动产投资管理商，其实就是基金管理商（GP）。

在房地产市场，谁掌握资本，谁就有话语权。

毫不夸张地说，王谦是中国地产界成规模地实行此模式的创始人。

星星之火可以燎原，从一个想法出发，向前方不断冲刺。

每个人都有很多想法，大部分人将其掐灭在了原始阶段。

成功的人只是执着地将它变成了现实。

这就是现实，残忍，无常，然而公平。

这种模式的意义不在于第一或者第二，而是一种理性思维战胜感性的胜利。2006 年中国地产市场，资本起舞时，困惑者有，跟风者有，只有王谦举起了理性的红旗，在市场的腥风血雨中独自飘荡。

王谦的红旗为什么不倒，"轻资产，重管理"的模式何以能够存在？

逐条细分：

第一，社会分工的巨大优势。

通过细致的分工，每个人都竭尽所能，发挥专长，相互交换劳动智慧，从而让同样的人能够创造更多的财富。

按照这个逻辑，即使人口再增加一倍，我们也不会掉入马尔萨斯所说的人口陷阱（"马尔萨斯陷阱"：1798 年，马尔萨斯认为由于人口以几何级数增长，食品供应只能以算式级增长，这种供应和需求之间的差距迟早会导致战争、饥荒和普遍的悲惨生活）。

当前的事实更深刻地证明了这一点，"二战"以后，世界人口数量经历了爆发式的增长，但是却没有遭遇太大的粮食危机。

仔细观察，我们还会发现更为有趣的现象。

一个国家最为富裕的地区，往往也是人口最多的地区。

以日本为例，东京都市圈的人口和 GDP 均占全国的 40% 左右，而其面积则只占日本国土面积的 3%。中国的长三角、京津唐和珠三角所占的国土面积远远小于其他地区在中国版图中的比例。实际上，这个现象也广泛存在于世界上的任何一个国家。

分工和交换有效地促进了资源的分配，避免了浪费。工业 4.0 时代即将来袭，分工将再次面临质的变化。

我们是一个小小的螺丝钉，还是一个智能程序的芯片？

第二，平台的巨大优势。

"双十一"已经变成了狂欢的消费节日。现在这个节日，已经走出国门，远渡重洋。马云不生产，也不运输，他只是搭建了一个平台。然后，他成了中国的第一富豪。

王谦的公司，在我看来，就是这样的一种平台。他提供的是服务，是差异化，精细化的服务。也许，哪天地产商也会不由自主的发问：

亲，要开发房子吗？亲，你需要钱吗？

以上两大优势奠定了王谦"轻资产，重管理"模式，将注定在房地产江湖中掀起巨浪。

左手屠龙，右手倚天，星河灿烂，英雄适时。

这是理想主义的形象写照，这是市场竞争的强者心态。

此时，这篇长长的跋终于落下帷幕。

"庄周晓梦迷蝴蝶，望帝春心托杜鹃。"

我不知道是在写王谦，还是在描述生存的艰辛与美好。

但有一点一定是这样的。

我愿意向着这个世界最美的建筑物，敬个礼。

我想向如王谦般奋斗的人们，致以自己的敬意。

吕　斐[1]

---

1 吕斐：广西电子科技大学讲师